NEW YORK

New York

LES RECETTES CULTE

EXIT
EXIT

MARC GROSSMAN

New York

LES RECETTES CULTE

photographies
AKIKO IDA ET PIERRE JAVELLE
illustrations de New York
JANE TEASDALE
stylisme
SABRINA FAUDA-RÔLE
direction artistique
FABIENNE CORON

EDITIONS MARABOUT

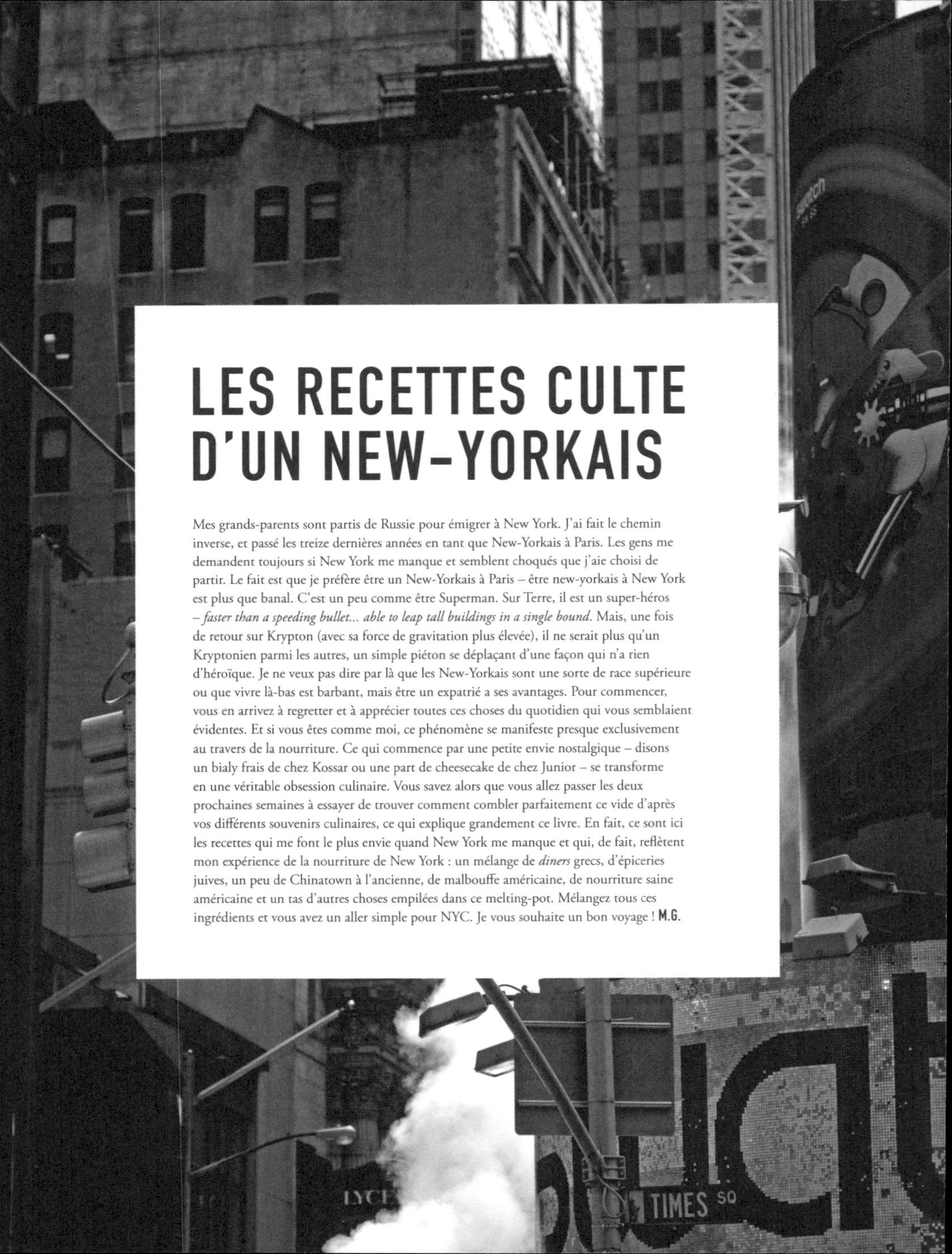

LES RECETTES CULTE D'UN NEW-YORKAIS

Mes grands-parents sont partis de Russie pour émigrer à New York. J'ai fait le chemin inverse, et passé les treize dernières années en tant que New-Yorkais à Paris. Les gens me demandent toujours si New York me manque et semblent choqués que j'aie choisi de partir. Le fait est que je préfère être un New-Yorkais à Paris – être new-yorkais à New York est plus que banal. C'est un peu comme être Superman. Sur Terre, il est un super-héros – *faster than a speeding bullet... able to leap tall buildings in a single bound*. Mais, une fois de retour sur Krypton (avec sa force de gravitation plus élevée), il ne serait plus qu'un Kryptonien parmi les autres, un simple piéton se déplaçant d'une façon qui n'a rien d'héroïque. Je ne veux pas dire par là que les New-Yorkais sont une sorte de race supérieure ou que vivre là-bas est barbant, mais être un expatrié a ses avantages. Pour commencer, vous en arrivez à regretter et à apprécier toutes ces choses du quotidien qui vous semblaient évidentes. Et si vous êtes comme moi, ce phénomène se manifeste presque exclusivement au travers de la nourriture. Ce qui commence par une petite envie nostalgique – disons un bialy frais de chez Kossar ou une part de cheesecake de chez Junior – se transforme en une véritable obsession culinaire. Vous savez alors que vous allez passer les deux prochaines semaines à essayer de trouver comment combler parfaitement ce vide d'après vos différents souvenirs culinaires, ce qui explique grandement ce livre. En fait, ce sont ici les recettes qui me font le plus envie quand New York me manque et qui, de fait, reflètent mon expérience de la nourriture de New York : un mélange de *diners* grecs, d'épiceries juives, un peu de Chinatown à l'ancienne, de malbouffe américaine, de nourriture saine américaine et un tas d'autres choses empilées dans ce melting-pot. Mélangez tous ces ingrédients et vous avez un aller simple pour NYC. Je vous souhaite un bon voyage ! **M.G.**

The New York Times
Late Edition
NEW YORK, SUNDAY, APRIL 22, 2012
Vast Mexico Bribery Case Hushed Up by Wal-Mart After Top-Level Struggle
An Internal Inquiry Was Shut Down, and the Authorities Were Not Notified
By DAVID BARSTOW
Is That Trip 'Presidential' Or 'Political'?
Nonprofit Acts as a Stealth Business Lobbyist

MetLife

FOOD FROM OTHER
ESTABLISHMENTS
- THANK YOU.
PAY
When Served
BUNN
Omatic

7 : 10

COFFEE TIME

M

FILTERED COFFEE

Les recharges illimitées de café filtre sont une tradition de longue date dans les restos de New York. Nous appelons ça une « bottomless cup » (littéralement « une tasse sans fond »), et c'est sûrement une des raisons pour laquelle New York est appelée « la ville qui ne dort jamais ». Ces dernières années, celle qui était autrefois une humble tasse de café filtre a gagné en prestige au moment où une nouvelle vague de baristas se mirent à en préparer avec une précision scientifique en utilisant des grains de café fraîchement moulus. Mon ami Thomas Lehoux, un des fondateurs du club de café parisien Frog Fight et copropriétaire du café René, a été l'un des premiers à promouvoir ce genre de café à Paris. Voici ses instructions pour préparer une tasse parfaite à la maison.

POUR 1 TASSE

Préparation : 5 minutes

CE DONT VOUS AVEZ BESOIN

du café en grains
fraîchement torréfié
un moulin
une balance
une carafe
un dripper (Hario® de préférence)
un filtre (Kalita® de préférence)
une bouilloire

Étape 1. Faire chauffer de l'eau dans la bouilloire.
Étape 2. Placer le dripper sur la carafe et le filtre dans le dripper. Quand l'eau bout, en verser un peu dans le filtre pour le rincer et enlever le goût du papier. Chauffer également la carafe.
Étape 3. Peser le café. Généralement, la règle est : 60 g de café pour 1 litre d'eau. J'utilise donc 24 g de café pour 40 cl d'eau. Mouler le café à la taille « café filtre », on doit sentir les particules entre les doigts. À l'œil, cela ressemble à de la poudre.
Étape 4. Mettre le café au centre du filtre et ajouter 8 cl d'eau. Patienter pendant 30 secondes (afin de laisser le café dégazer), puis ajouter doucement les 32 cl d'eau restants. Pour avoir toute l'eau dans votre carafe, cela doit vous prendre environ 2 min 30 (si ce n'est pas le cas, faire une mouture plus fine et augmenter le volume d'eau). Ne pas mélanger le café avec une cuillère, le laisser s'écouler de lui-même.
Étape 5. *Enjoy your coffee.*

CAFÉ GLACÉ

Utiliser la même méthode en ajoutant des glaçons dans la carafe après avoir rincé le filtre, et enlever l'équivalent du poids des glaçons à la quantité d'eau.

CHALLAH

Ce pain tressé, que l'on mange traditionnellement pour shabbat, est la réponse new-yorkaise à la brioche française.

POUR 1 PAIN
Préparation : 45 minutes
Cuisson : 25 minutes
Repos : 2 h 30

INGRÉDIENTS SECS
575 g de farine T45
½ cuillère à soupe ou
1 sachet de 5 g de levure boulangère instantanée
55 g de sucre
1 cuillère à soupe de sel

INGRÉDIENTS LIQUIDES
14 cl d'eau tiède
(entre 49 et 55 °C)
2 œufs moyens
2 jaunes d'œuf
40 g d'huile d'olive

POUR LA DORURE
1 cuillère à soupe de blanc d'œuf
1 cuillère à café de sucre

LA PÂTE
Mélanger les ingrédients secs. Battre ensuite les ingrédients liquides. Assembler soigneusement les deux préparations et pétrir jusqu'à ce que la pâte soit très élastique (5 à 10 minutes au robot, 10 à 20 minutes à la main).
Former une boule lisse. La placer dans un récipient huilé et couvrir de film alimentaire. La laisser lever jusqu'à ce qu'elle ait doublé de volume (environ 1 h 30 à température ambiante).

LE FAÇONNAGE
Diviser le pâton en 6 portions égales. Avec la paume des mains, façonner les portions en boudins réguliers d'une trentaine de centimètres de long chacun. Sur une plaque couverte de papier sulfurisé ou farinée, tresser les boudins en suivant l'illustration. Saupoudrer la tresse de farine, puis couvrir de film alimentaire. Laisser lever jusqu'à ce qu'elle ait doublé de volume (au moins 1 heure à température ambiante).

LA CUISSON
Préchauffer le four à 180 °C. Mélanger le blanc d'œuf et le sucre et, avec un pinceau, en badigeonner la tresse. Faire cuire pendant 25 minutes environ jusqu'à ce que le pain soit bien doré. Laisser refroidir.

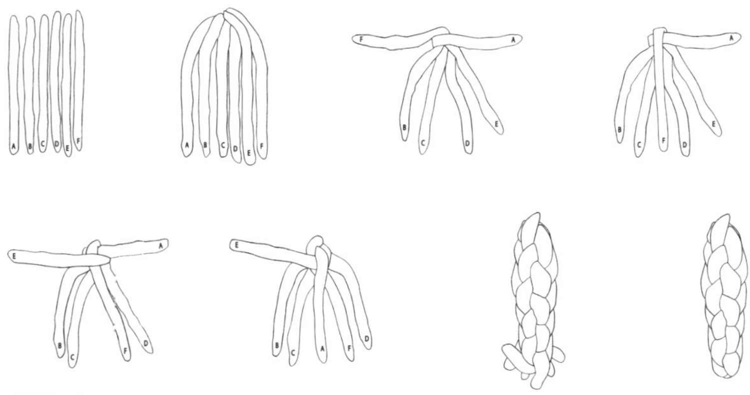

GREEN SMOOTHIE

À New York, Melvin's Juice Box est l'endroit où aller pour les smoothies verts. À Paris, c'est Bob's Juice Bar, et c'est J.-P., le responsable, qui les prépare.

POUR 2 PERSONNES (50 CL)
Préparation : 5 minutes

INGRÉDIENTS
1 banane mûre congelée
25 cl d'eau minérale
une grosse poignée de pousses d'épinards
1 cuillère à soupe d'herbes fraîches (menthe ou persil)
1 mangue mûre congelée (environ 100 g)

Mettre tous les ingrédients dans un mixeur, en terminant par la mangue, afin d'ajuster la quantité pour atteindre les 50 cl, et mixer. Si votre mixeur n'est pas suffisamment puissant pour écraser des fruits congelés, laisser le mélange ramollir un peu pendant quelques minutes avant de mixer.

Miss
Lily's

DOUGHNUTS

Rien n'est comparable à un beignet frais comme ceux que l'on trouve au Doughnut Plant dans la partie sud-est de Manhattan. Mais si vous êtes trop loin, vous pouvez toujours les préparer vous-même. Et vous serez content de l'avoir fait !

POUR ENVIRON 20 DOUGHNUTS

Préparation : 25 minutes
Cuisson : 2 minutes par doughnut
Repos : 2 h 30

PÂTE

70 g d'huile de noix de coco ou de beurre doux
36 cl de lait
820 g de farine T45
1 cuillère à soupe (ou 2 sachets de 5 g de levure boulangère instantanée)
115 g de sucre
2 œufs
1 jaune d'œuf
½ cuillère à soupe d'extrait de vanille
½ cuillère à soupe de sel

FRITURE

1 l d'huile de friture* (ou plus selon la taille de la cocotte)
*Vérifiez l'étiquette de la bouteille d'huile. Il doit y être indiqué que cette huile est adaptée à la friture.

LA PÂTE

Dissoudre l'huile de noix de coco dans le lait. Mélanger la farine, la levure et le sucre. Mélanger les œufs, le jaune, l'extrait de vanille et le sel. Assembler les trois préparations en terminant par le mélange aux œufs. Pétrir jusqu'à ce que la pâte soit très élastique (5 à 10 minutes au robot, 10 à 20 minutes à la main). Former une boule lisse. La placer dans un récipient graissé et couvrir de film alimentaire. La laisser lever jusqu'à ce qu'elle ait doublé de volume (environ 1 h 30 à température ambiante), puis mettre au réfrigérateur pour au moins 3 heures.

LE FAÇONNAGE

Étaler la pâte au rouleau à pâtisserie sur un plan de travail bien fariné. La couper à l'aide d'un emporte-pièce pour obtenir des formes parfaitement circulaires ou rectangulaires. En utilisant deux emporte-pièce circulaires, un grand et un petit pour le centre, vous obtiendrez la forme typique en anneau du doughnut. Pour les beignets fourrés, la large forme circulaire sans trou est la forme traditionnelle.
Les chutes de pâte peuvent être réintégrées à une nouvelle boule de pâte, étalées et coupées à nouveau. Pour éviter les chutes une seconde fois, j'aime faire des découpes régulières en utilisant un coupe-pâte, qui permet de laisser le moins de pâte possible entre les découpes, voire pas du tout, ou bien j'utilise dès le début le coupe-pâte pour éviter d'avoir des amas de chutes. Cela dépend de l'importance que l'allure des beignets a pour vous. Mettre chaque découpe sur un morceau individuel de papier sulfurisé (sans cette technique, il sera difficile de déplacer ensuite les beignets sans les abîmer). Saupoudrer de farine pour éviter que les beignets ne collent, les couvrir de film alimentaire et laisser à nouveau doubler de volume à température ambiante pendant environ 1 heure.

LA FRITURE

Chauffer l'huile dans une cocotte jusqu'à ce qu'elle atteigne 180 °C. En utilisant les morceaux de papier sulfurisé pour déplacer les beignets, les plonger par 2 ou plus dans l'huile chaude. Faire frire pendant environ 2 minutes de chaque côté jusqu'à ce qu'ils soient dorés. Laisser l'huile remonter en température 30 secondes entre les bains. Placer les beignets sur une grille ou sur du papier absorbant pour enlever l'excédent d'huile. Laisser refroidir avant de les glacer.

DOUGHNUTS : GLAÇAGES

POUR ENVIRON 6 DOUGHNUTS

MIEL

125 g de sucre glace
1 cuillère à café de miel d'acacia
3 cuillères à soupe de beurre fondu
2 cuillères à soupe d'eau chaude
½ cuillère à café d'extrait de vanille

VANILLE (BLANC)

170 g de sucre glace
2 cuillères à soupe de lait
½ cuillère à café d'extrait de vanille
Ajouter le lait progressivement sans cesser de mélanger. Ajouter plus de lait si le glaçage est trop épais. Le mélange doit être suffisamment épais pour être opaque une fois qu'il sera sec.

SIROP D'ÉRABLE

160 g de sucre glace
3 cuillères à soupe de sirop d'érable
1 pincée de sel

CHOCOLAT

25 g de beurre fondu
40 g de chocolat fondu
110 g de sucre glace
2 cuillères à café d'eau chaude
Le beurre et le chocolat peuvent être fondus ensemble dans une casserole à feu doux ou au bain-marie.

LE GLAÇAGE

Pour chaque glaçage, mélanger tous les ingrédients ensemble avec une cuillère ou une fourchette jusqu'à obtention d'une préparation homogène. Prendre les beignets dans une main, les tremper dans le glaçage, laisser retomber le glaçage en trop au-dessus du bol avant de placer les beignets sur une grille de service. On peut ajouter un peu d'eau chaude à ces différents glaçages s'ils sont trop épais.

DOUGHNUTS : GARNITURE

Les doughnuts sont souvent garnis soit de confiture ou de gelée avec un saupoudrage de sucre glace, les Jelly Doughnuts, soit de crème pâtissière avec un glaçage au chocolat, les Boston Cream.

POUR 1 BEIGNET

2 cuillères à soupe de garniture
1 poche à douille

LA TECHNIQUE POUR FOURRER UN BEIGNET

Mettre la garniture (environ 2 cuillères à soupe par beignet) dans une poche à douille lisse. Faire un trou dans le beignet à l'aide d'une baguette chinoise ou d'un objet similaire. Insérer la douille dans le trou et remplir doucement le beignet de garniture. Le beignet va gonfler et, quand il sera plein, un peu de garniture s'échappera du trou. En complément de la gelée ou de la confiture, la crème pâtissière à la vanille est une excellente garniture de beignet.

VANILLA PUDDING

POUR 12 BEIGNETS

Préparation : 15 minutes
Cuisson : 15 minutes

INGRÉDIENTS

17 g de Maïzena®
40 g de sucre
1 pincée de sel
22 cl de lait entier
2 jaunes d'œuf
25 g de beurre
½ gousse de vanille

L'APPAREIL

Mélanger ensemble la Maïzena®, le sucre, le sel et environ 1 cuillère à soupe de lait. Mélanger les jaunes d'œuf avec le reste du lait. Verser les deux mélanges dans une casserole.

LA CUISSON

Chauffer sur feu moyen en fouettant continuellement. Aux premiers bouillons, retirer du feu sans cesser de fouetter. Quand la crème est onctueuse et épaisse, presque comme une mayonnaise, ajouter le beurre et la gousse de vanille fendue. Si la crème a besoin d'être cuite davantage pour épaissir, remettre la casserole à chauffer sur feu moyen. Débarrasser la crème dans un bol et le couvrir de film alimentaire au contact de la crème afin d'éviter qu'une croûte ne se forme à la surface.

LEMON POPPY MUFFIN

De tous les muffins que nous préparons au Bob's Juice Bar, c'est celui que je préfère. J.-P. perfectionne la recette depuis des années, et ils sont vraiment irrésistibles.

POUR 12 MUFFINS
Préparation : 15 minutes
Cuisson : environ 25 minutes

INGRÉDIENTS SECS
320 g de farine
3 cuillères à soupe de graines de pavot
½ cuillère à café de sel
3 cuillères à café de levure chimique

INGRÉDIENTS LIQUIDES
1 zeste de citron
150 g de sucre
125 g de beurre doux fondu
2 œufs
3 cuillères à soupe de jus de citron
21 cl de yaourt

FRUITS
100 g de pomme râpée
100 g de poire épluchée, épépinée et coupée en petits dés

GLAÇAGE
125 g de sucre glace
2 cuillères à soupe de jus de citron
1 cuillère à soupe d'eau chaude

LA PÂTE
Préchauffer le four à 190 °C. Mélanger tous les ingrédients secs. Battre les ingrédients de la préparation liquide. Amalgamer le tout et incorporer les fruits.

LA CUISSON
Répartir la pâte dans les moules à muffin et enfourner 25 minutes environ, jusqu'à ce que les muffins soient bien dorés et qu'un cure-dents planté au centre en ressorte sec.

LE GLAÇAGE
Mélanger tous les ingrédients du glaçage jusqu'à obtention d'une préparation homogène. Ajouter plus d'eau si nécessaire pour un glaçage plus liquide. Pour un glaçage blanc et épais comme sur la photo, ne pas ajouter trop d'eau, juste assez pour y tremper les muffins.
Tremper la tête de chaque muffin dans le glaçage. Laisser l'excès de glaçage couler dans un bol, puis placer les muffins sur une grille, le dessus vers le haut, et réserver le temps que le glaçage sèche.

LE LASSI MANGUE
Voir page suivante.

LASSI MANGUE

POUR 2 LASSIS
Préparation : 5 minutes

INGRÉDIENTS
450 g de mangue
300 g de yaourt
100 g de glaçons
1 à 2 cuillères à soupe de miel
les graines de 2 cosses de cardamome

Mettre de côté 100 g de mangue coupée en morceaux. Mixer tout le reste des ingrédients ensemble. Verser dans les verres et ajouter les morceaux de mangue.

MELVIN'S
JUICE BOX
MELVIN'S
JUICE BOX

BANANA BREAD

Un gâteau classique en forme de pain. Je le préfère avec des morceaux de banane visibles et de gros morceaux de chocolat.

POUR UN MOULE RECTANGULAIRE DE 21 X 9 CM ET 8 CM DE HAUTEUR

Préparation : 20 minutes
Cuisson : 55 minutes

INGRÉDIENTS SECS

165 g de farine
50 g de farine de sarrasin
1,5 cuillère à café de levure chimique
1 cuillère à café de cannelle
1 cuillère à café d'extrait de vanille

INGRÉDIENTS LIQUIDES

65 g de sucre brun
5 cuillères à soupe d'huile de tournesol
2 œufs
175 g de crème fraîche épaisse (30 % de MG)

GARNITURE

165 g de banane, coupée en petits dés ou écrasée avec une fourchette
110 g de chocolat coupé en petits morceaux

LA PÂTE

Préchauffer le four à 180 °C (four à chaleur tournante). Beurrer et fariner le moule.
Mélanger les ingrédients secs. Battre les ingrédients liquides. Incorporer la banane à la préparation liquide et le chocolat à la préparation sèche.
Amalgamer les deux préparations sans trop travailler la pâte.

LA CUISSON

Remplir le moule de pâte aux trois quarts de la hauteur. Enfourner pendant 45 minutes. Recouvrir d'un papier d'aluminium et poursuivre la cuisson encore 10 minutes. Laisser refroidir avant de servir.

***note** : pour réaliser le banana bread en version muffin, répartir la pâte dans des moules à muffin, déposer une rondelle de banane sur la pâte et enfourner pour environ 25 minutes à 180 °C. (on obtient environ 10 muffins).*

SABRETT

STREET FOOD

Une vaste scène de street food (littéralement « nourriture de rue ») qui, du vendeur de hot-dog à Central Park à la traditionnelle glace pilée sur la côte ouest de Brooklyn, reflète ce rythme de vie effréné, cet esprit d'entreprise débridé et, plus que tout, cet appétit insatiable.

BABKA

Ce gâteau de petit déjeuner, qui ressemble à une brioche marbrée, est un classique des boulangeries juives de New York.

POUR 1 GÂTEAU
Préparation : 25 minutes
Cuisson : environ 45 minutes
Repos : 1 h 30 + 30 minutes + 2 h 30

INGRÉDIENTS SECS DE LA PÂTE
200 g de farine T45
½ cuillère à café de levure boulangère instantanée
2 pincées de sel
50 g de sucre

INGRÉDIENTS LIQUIDES DE LA PÂTE
9 cl de lait fermenté (entre 49 et 55 °C)
1 œuf moyen
1 jaune d'œuf
60 g de beurre doux fondu

GARNITURE
100 g de beurre doux ramolli
60 g de cacao en poudre
175 g de sucre en poudre
2 cuillères à café de sucre vanillé

STREUSEL
65 g de farine
75 g de sucre
45 g de beurre doux ramolli
1 cuillère à café de cannelle en poudre
45 g de pépites de chocolat
1 blanc d'œuf battu

LA PÂTE
Mélanger les ingrédients secs. Battre les ingrédients liquides. Assembler les deux préparations. Pétrir jusqu'à ce que la pâte soit très élastique (5 à 10 minutes au robot, 10 à 20 minutes à la main). Former une boule lisse. La placer dans un récipient huilé et couvrir de film alimentaire. La laisser lever jusqu'à ce qu'elle ait doublé de volume (environ 1 h 30 à température ambiante).

LE STREUSEL
Préparer le streusel en mélangeant tous les ingrédients à la main afin d'obtenir une consistance grumeleuse. Réserver au réfrigérateur pendant au moins 30 minutes.

LE FAÇONNAGE
Sur une surface farinée, abaisser la pâte en lui donnant une forme rectangulaire (approximativement 40 cm de long). Étaler dessus le beurre ramolli et saupoudrer le tout du mélange cacao-sucre. Rouler la pâte sur la longueur. Joindre les deux extrémités et la tordre trois fois. Beurrer et fariner un moule rectangulaire de 21 x 9 cm et garnir le moule de la pâte tordue. Couvrir de film alimentaire et laisser lever pendant 1 heure à température ambiante, jusqu'à ce que la pâte soit bien gonflée.

LA CUISSON
Préchauffer le four à 175 °C. Badigeonner la surface de la brioche avec un blanc d'œuf et y étendre le streusel. Enfourner pendant 45 minutes environ, jusqu'à ce que le gâteau soit bien doré.

COFFEE CAKES

POUR 14 GÂTEAUX
Préparation : 20 minutes
Cuisson : 33 minutes
Réfrigération : 30 minutes

INGRÉDIENTS
220 g de poire, épluchée, épépinée et coupée en tranches fines

POUR LE STREUSEL
(pâte à crumble)
310 g de farine T65 ou T55
345 g de cassonade
220 g de beurre doux ramolli
1 cuillère à soupe de cannelle en poudre

INGRÉDIENTS LIQUIDES
200 g de sucre en poudre
115 g de beurre doux ramolli
1 cuillère à café d'extrait de vanille
2 œufs moyens
16 cl de lait fermenté

INGRÉDIENTS SECS
300 g de farine T55 ou T65
2 cuillères à café de levure chimique
2 pincées de sel

LE STREUSEL
Préparer le streusel en mélangeant tous les ingrédients à la main afin d'obtenir une consistance grumeleuse. Réserver au réfrigérateur pendant au moins 30 minutes.

L'APPAREIL
Préchauffer le four à 180 °C. Battre le beurre et le sucre énergiquement jusqu'à ce que la consistance du mélange soit crémeuse et aérée. Incorporer le reste des ingrédients liquides. Mélanger les ingrédients secs et les ajouter à la préparation liquide sans trop travailler la pâte.

LE MONTAGE ET LA CUISSON
Verser cette pâte sur 1 cm d'épaisseur dans 14 moules de 12 cm de diamètre préalablement beurrés et farinés. Ajouter quelques tranches de poire et recouvrir avec le streusel tout juste sorti du réfrigérateur (pour une meilleure tenue du streusel à la cuisson), sans trop le tasser. Enfourner pour 33 minutes. Vérifier alors la cuisson en piquant au cœur des gâteaux un cure-dents, qui doit ressortir sec.

CINNAMON ROLLS

Pour apprécier pleinement ces roulés à la cannelle, vous devez les manger tous juste sortis du four, recouverts d'un glaçage au fromage frais qui coule encore.

POUR 10 ROULEAUX
Préparation : 30 minutes
Cuisson : 12 ou 25 minutes environ (selon le moule)
Repos : 2 h 30

PÂTE
400 g de farine T65 ou T55
+ un peu pour les moules
1 cuillère à café de levure boulangère instantanée
5 cl d'eau tiède
10 cl de lait tiède
50 g de beurre doux fondu
+ un peu pour les moules
1 œuf
2 pincées de sel
30 g de sucre en poudre
½ cuillère à café d'extrait de vanille

GARNITURE
100 g de beurre doux ramolli
60 g de sucre en poudre
1,5 cuillère à soupe de cannelle en poudre
1,5 cuillère à soupe de lait pour badigeonner

GLAÇAGE
100 g de sucre glace
100 g de fromage à tartiner nature
3 cl d'eau chaude

LA PÂTE
Mélanger les ingrédients pour la pâte dans un saladier, puis pétrir énergiquement pendant 10 à 15 minutes. Déposer la pâte dans un bol huilé, couvrir de film alimentaire et laisser lever à température ambiante jusqu'à ce que la pâte ait doublé de volume (environ 1 h 30).

LE FAÇONNAGE
Sur une surface farinée, abaisser la pâte en rectangle. Étaler dessus le beurre ramolli et saupoudrer le tout du mélange sucre-cannelle. Rouler la pâte dans la longueur si vous souhaitez cuire les rouleaux dans un grand moule, ou dans la largeur si vous souhaitez les cuire dans des moules individuels. Découper 10 rouleaux, les placer sur une plaque de cuisson recouverte de papier sulfurisé ou dans des moules individuels bien beurrés. Les couvrir de film alimentaire ou d'un torchon propre et les laisser lever pendant 1 heure à température ambiante, jusqu'à ce qu'ils soient bien gonflés.

LA CUISSON
Préchauffer le four à 200 °C, enfourner et laisser cuire jusqu'à ce que les roulés soient bien dorés (compter 12 minutes environ pour les moules individuels et 25 minutes environ pour un grand plat). À la sortie du four, mélanger les ingrédients pour le glaçage et l'étaler avec une spatule ou un pinceau sur les roulés. Servir chaud si possible.

PECAN ROLLS

Voici une variation renversée des roulés à la cannelle. Ici, les gâteaux sont aux noix de pécan et cuits avec un nappage au caramel.

POUR 10 ROULEAUX
Préparation : 30 minutes
Cuisson : environ 15 minutes + 10 minutes pour les noix de pécan
Repos : 1 à 2 heures

PÂTE
400 g de farine T65 ou T55
+ un peu pour les moules
1 cuillère à café de levure boulangère instantanée
5 cl d'eau tiède
10 cl de lait tiède
50 g de beurre doux fondu
+ un peu pour les moules
1 œuf
2 pincées de sel
30 g de sucre en poudre
½ cuillère à café d'extrait de vanille

GARNITURE
100 g de beurre doux ramolli
60 g de sucre en poudre
½ cuillère à café d'extrait de vanille

NAPPAGE
200 g de noix de pécan
150 g de sucre brun (ou 140 g de sucre en poudre et 10 g de mélasse)
2 cuillères à soupe de sirop d'érable
60 g de beurre doux fondu

LA PÂTE
Mélanger les ingrédients pour la pâte dans un saladier, puis pétrir énergiquement pendant 10 à 15 minutes. Déposer la pâte dans un bol huilé, couvrir de film alimentaire et laisser lever à température ambiante jusqu'à ce que la pâte ait doublé de volume (environ 1 h 30).

LE NAPPAGE DES PECAN ROLLS
Préchauffer le four à 180 °C. Mettre les noix de pécan sur une plaque de cuisson recouverte de papier cuisson et les enfourner 10 minutes pour les faire griller légèrement. Laisser refroidir. Mélanger le sucre brun, le sirop d'érable et le beurre fondu en fouettant pour obtenir un mélange homogène. Mettre les noix de pécan et le mélange précédent au fond d'un moule beurré et fariné de 28 x 19 cm.

LE FAÇONNAGE
Sur une surface farinée, abaisser la pâte en rectangle. Étaler dessus le beurre ramolli et saupoudrer le tout du mélange sucre-vanille. Rouler la pâte dans la longueur. Découper 10 rouleaux et les placer sur le caramel aux noix de pécan, sur la plaque. Les couvrir de film alimentaire ou d'un torchon propre et les laisser lever pendant 1 heure à température ambiante, jusqu'à ce qu'ils soient bien gonflés.

LA CUISSON
Préchauffer le four à 200 °C, enfourner et laisser cuire environ 15 minutes, jusqu'à ce que les roulés soient bien dorés. Les démouler sur un plat de service, le caramel encore chaud coulera dessus. Servir chaud ou tiède.

5

8 : 14

BREAKFAST TIME

BUTTERMILK PANCAKES

Des pancakes classiques au lait fermenté.

POUR 7 PANCAKES
Préparation : 10 minutes
Cuisson : 3 à 5 minutes par pancake

INGRÉDIENTS SECS
190 g de farine T65 ou T55
2 pincées de bicarbonate de soude
2 cuillères à café de levure chimique
1 cuillère à soupe de
sucre en poudre
½ cuillère à café de sel

INGRÉDIENTS LIQUIDES
22 cl de lait fermenté
2 œufs moyens
80 g de beurre fondu
4 gouttes d'extrait de vanille

LA PÂTE
Mélanger les ingrédients secs. Battre les ingrédients liquides et les incorporer au fouet à la préparation précédente sans trop travailler la pâte. Il doit rester des grumeaux ; si l'on mélange jusqu'à ce que la pâte soit parfaitement lisse, les pancakes risquent d'être trop durs.

LA CUISSON
Faire chauffer une poêle sur feu moyen avec un peu d'huile. Je préfère l'huile de noix de coco, mais l'huile de tournesol convient aussi. Tester la poêle avec une petite cuillère de pâte : si ça ne grésille pas, ce n'est pas assez chaud ; si le dessous devient trop doré avant que des bulles n'apparaissent sur le dessus, c'est trop chaud. Régler le feu pour que le dessous soit parfaitement doré quand le dessus « bulle » bien mais n'est pas encore sec.
Verser une louche pour chaque galette et ajouter aussitôt des fruits, par exemple, ou tout autre ingrédient de votre choix. Quand le dessous est bien doré, retourner le pancake à l'aide d'une spatule et le faire cuire de l'autre côté pendant 30 à 40 secondes environ. Servir chaud, avec du sirop d'érable et du beurre.

SILVER DOLLAR PANCAKES

Leur nom fait référence à la taille d'une pièce de 1 dollar en métal blanc. Et comme c'est le cas avec l'argent, vous n'aurez jamais trop de ces pancakes hyper légers.

POUR 15 À 30 MINIPANCAKES
Préparation : 10 minutes
Cuisson : 3 à 5 minutes par pancake

INGRÉDIENTS SECS
150 g de farine T65 ou T55
1 cuillère à café de levure chimique
1 cuillère à café de sucre en poudre
1 pincée de sel

INGRÉDIENTS LIQUIDES
25 cl de lait
2 œufs moyens
25 g de beurre fondu
2 gouttes d'extrait de vanille

LA PÂTE
Mélanger les ingrédients secs. Battre les ingrédients liquides et les incorporer au fouet à la préparation précédente, sans trop travailler la pâte. Il doit rester des grumeaux ; si l'on mélange jusqu'à ce que la pâte soit parfaitement lisse, les pancakes risquent d'être trop durs.

LA CUISSON
Faire chauffer une poêle sur feu moyen avec un peu d'huile. Je préfère l'huile de noix de coco, mais l'huile de tournesol convient aussi. Tester la poêle avec une petite cuillère de pâte : si ça ne grésille pas, ce n'est pas assez chaud ; si le dessous devient trop doré avant que des bulles n'apparaissent sur le dessus, c'est trop chaud. Régler le feu pour que le dessous soit parfaitement doré quand le dessus « bulle » bien mais n'est pas encore sec.
Verser 1 cuillère à soupe pour chaque minipancake. Quand le dessous est bien doré, retourner le pancake à l'aide d'une spatule et le faire cuire de l'autre côté pendant 30 secondes environ.
Servir chaud, avec du sirop d'érable et du beurre.

BACON CARAMÉLISÉ
Voir page 88.

BOISSON PROTÉINÉE CHOCOLATÉE

Un des classiques de J.-P. du Bob's Juice Bar. C'est ce que je bois pour me récompenser après une séance de piscine.

POUR 2 PERSONNES
Préparation : 5 minutes

INGRÉDIENTS
2 bananes surgelées
1 dose de poudre de protéines
2 cuillères à soupe de cacao en poudre
1 cuillère à soupe de sirop d'érable, de sirop d'agave, de miel, etc.
25 cl d'eau minérale

Mélanger tous les ingrédients ensemble. Les bananes doivent être épluchées avant d'être mise au congélateur. Vous pouvez aussi utiliser des bananes fraîches et remplacer une partie de l'eau par des glaçons.

BIKE LANE
BIKES ONLY
LEFT LANE MUST TURN LEFT
CONSTRUCTION IN BIKE LANE PROCEED WITH CAUTION

BUCKWHEAT PANCAKES

Ma mère aime commencer sa journée avec les pancakes au sarrasin du diner grec Big Nick's. Voici ma recette sans produits laitiers.

POUR 8 PANCAKES
Préparation : 20 minutes
Cuisson : 3 à 5 minutes par pancake

INGRÉDIENTS SECS
125 g de farine de sarrasin
125 g de farine T65 ou T55
2 cuillères à café de levure chimique
1 cuillère à soupe de sucre en poudre
½ cuillère à café de sel
2 pincées de cannelle en poudre

INGRÉDIENTS LIQUIDES
2 gouttes d'extrait de vanille
1 œuf moyen
9 cl d'huile de tournesol
15 g de petits flocons d'avoine cuits dans 10 cl d'eau*
35 cl d'eau
*Cuire les petits flocons d'avoine avec l'eau dans une poêle à feu moyen pendant environ 5 minutes, jusqu à ce que l'eau soit absorbée. Couper le feu et laisser reposer quelques minutes, le temps que l'avoine se décolle du fond de la poêle.

LA PÂTE
Mélanger les ingrédients secs. Battre les ingrédients liquides et les incorporer au fouet à la préparation précédente, sans trop travailler la pâte. Il doit rester des grumeaux ; si l'on mélange jusqu'à ce que la pâte soit parfaitement lisse, les pancakes risquent d'être trop durs.

LA CUISSON
Faire chauffer une poêle sur feu moyen avec un peu d'huile. Je préfère l'huile de noix de coco, mais l'huile de tournesol convient aussi. Tester la poêle avec une petite cuillère de pâte : si ça ne grésille pas, ce n'est pas assez chaud ; si le dessous devient trop doré avant que des bulles n'apparaissent sur le dessus, c'est trop chaud. Régler le feu pour que le dessous soit parfaitement doré quand le dessus « bulle » bien mais n'est pas encore sec.
Verser une louche environ pour chaque galette et ajouter aussitôt des fruits ou tout autre ingrédient de votre choix. Quand le dessous est bien doré, retourner le pancake à l'aide d'une spatule et le faire cuire de l'autre côté pendant 30 à 40 secondes environ.
Servir chaud, avec du sirop d'érable et du beurre.

LA BOISSON PROTÉINÉE CHOCOLATÉE
Voir page précédente.

PEANUT BUTTER SMOOTHIE

Comme le sandwich au beurre de cacahuètes et à la gelée, ce smoothie marie les saveurs de fruits rouges et de beurre de cacahuètes.

POUR 2 PERSONNES
Préparation : 5 minutes

INGRÉDIENTS
1 banane surgelée
125 g fraises surgelées
2 dattes medjoul
3 cuillères à soupe de beurre de cacahuètes (page 263)
25 cl* du lait de votre choix (d'amande, de riz, de vache, etc.)
*ou suffisamment pour que l'on obtienne 50 cl de volume total d'ingrédients mélangés

Mixer tous les ingrédients ensemble jusqu'à obtention d'un mélange onctueux. La banane doit être épluchée avant d'être mise au congélateur, et les fraises lavées avant d'être congelées. Vous pouvez aussi utiliser des fruits frais et remplacer une partie du lait par des glaçons.

2 CUPS
1 3/4
1 1/2
1 1/4
1 CUP
3/4
1/2
500ml
Pulse
KitchenAid

GRANOLA NOIX DE COCO & MANGUES SÉCHÉES

Eugénie, qui m'a aidé à la réalisation des recettes de ce livre, prépare le meilleur granola que j'aie jamais goûté. Sans exagération. Cette recette est particulièrement addictive. C'est la garniture parfaite pour accompagner un porridge, un açai cup, du yaourt, de la crème glacée, etc.

POUR UNE PETITE PLAQUE DE FOUR

Préparation : 20 minutes
Cuisson : 1 h 10 à 1 h 30
Repos : 45 minutes

INGRÉDIENTS SECS

200 g de gros flocons d'avoine
35 g de graines de sésame complet
40 g de noix de coco râpée
40 g de graines de tournesol
35 g de noix du brésil
35 g de noix de cajou
35 g de farine de riz
¼ de cuillère à café de sel

INGRÉDIENTS À CHAUFFER

70 g d'huile de coco ou d'huile de tournesol
20 g de cassonade
150 g de miel liquide
1 cuillère à café d'extrait de vanille

GARNITURE

1 mangue mûre mais pas molle

LES MANGUES SÉCHÉES

Préchauffer le four à 90 °C. Couper la mangue en tranches d'environ ½ cm d'épaisseur et les placer à plat sur une plaque de cuisson recouverte de papier sulfurisé, en prenant soin qu'elles ne se chevauchent ni ne se touchent. Enfourner pour environ 45 minutes. Les retourner, puis poursuivre la cuisson encore 45 minutes. Les laisser refroidir et les placer à plat dans une boîte hermétique tapissée de papier cuisson afin qu'elles ne collent pas entre elles.

LE GRANOLA

Préchauffer le four à 150 °C. Hacher grossièrement les noix. Mélanger tous les ingrédients secs dans un saladier.
Dans une grande casserole, faire chauffer à feu moyen l'huile de coco, la cassonade, le miel et la vanille en fouettant continuellement. Retirer du feu quand le mélange commence à bouillir. Verser immédiatement sur les ingrédients secs et mélanger soigneusement à la spatule. Quand la préparation est parfaitement homogène, la verser sur une plaque de cuisson recouverte de papier sulfurisé et l'étaler sur environ 1,5 cm d'épaisseur.

LA CUISSON ET LE SERVICE

Enfourner environ 40 minutes en surveillant régulièrement la cuisson. Si le granola brunit trop rapidement, baisser le four à 140 °C et couvrir le granola d'une feuille de papier d'aluminium. Lorsqu'il commence à sécher et à former des amas, sortir la plaque du four et le remuer délicatement à l'aide d'une spatule. Remettre au four 20 à 30 minutes. Recouper les tranches de mangue si nécessaire et les incorporer au granola, puis remettre au four pour 10 minutes. Laisser refroidir à température ambiante avant de détacher le granola en pépites. Dans une boîte hermétique à température ambiante, le granola se conservera au moins 3 semaines.

note : *on peut conserver les mangues séchées 1 mois dans une boîte hermétique à l'abri de la chaleur et de l'humidité. Elles resteront moelleuses et fondantes en bouche.*

astuce : *selon votre goût, vous pouvez ajouter des lamelles de noix de coco séchées et des rondelles de banane fraîche dedans au moment de servir...*

HOT OATMEAL

Une alternative saine quand on veut se faire plaisir en prenant un petit déjeuner chaud et réconfortant.

POUR 2 PERSONNES

Préparation : 15 minutes
Cuisson : 5 minutes

INGRÉDIENTS

120 g de petits flocons d'avoine
55 à 60 cl de lait ou d'eau
½ cuillère à café de sel
1 cuillère à soupe de sucre brun, de miel ou de sirop d'agave (facultatif)
½ cuillère à café de cannelle ou d'extrait de vanille
2 cuillères à café de beurre ou de beurre de cacahuètes

LA PRÉPARATION

Mettre tous les ingrédients sauf le beurre dans une casserole sur feu moyen en remuant. Au bout d'environ 5 minutes, quand le mélange est bien épais, éteindre le feu, ajouter le beurre ou le beurre de cacahuètes et laisser reposer pendant environ 1 minute jusqu'à ce que le porridge soit cuit et se détache facilement du fond de la poêle.

LE SERVICE

Servir chaud avec des fruits frais, du granola, le lait chaud de votre choix (vache, soja, amande, etc.), des graines et le sucre de votre choix (brun, sirop d'érable, miel, etc.).

PEANUT BUTTER SMOOTHIE

Voir recette page 52.

BAGEL

Voir recette page 72.

UPPER WEST SIDE

Situé dans le nord-ouest de Manhattan, ce quartier est un paradis pour les amoureux de nourriture, avec des restos grecs comme Tom's Restaurant, The Broadway Restaurant et Big Nick's, des traiteurs kasher comme Barney Greengrass et Murray's Sturgeon Shop, et deux des meilleurs marchés de New York : Fairway et Zabar's.

SANDWIC
ER DELI MEA
BEEF
BEEF
BREAST
MURRAY'S
STURGEON SHOP
CUSTOM MERC WOODIE
NOW SERVING
45

MATZAH BRIE

Voici comment ma grand-mère préparait cette recette traditionnelle de pain perdu à base de pain azyme. On le mange surtout pendant Pessah (la pâque juive) pour fêter l'émancipation des esclaves. « Power to the people ! »

POUR 2 PERSONNES
Préparation : 20 minutes
Cuisson : 5 minutes

INGRÉDIENTS
300 g de pain azyme
4 œufs
12 cl de lait
½ cuillère à café de cannelle
1 pincée de sel
1 cuillère à café de sucre
3 cuillères à soupe de beurre
3 cuillères à soupe d'huile de cuisson neutre

LA PRÉPARATION
Briser le pain azyme en petits morceaux avec les mains. Faire tremper les morceaux de pain azyme dans de l'eau froide pendant 5 minutes. Pendant ce temps, mélanger les autres ingrédients (sauf le beurre et l'huile) dans un bol à l'aide d'une fourchette ou d'un fouet jusqu'à obtention d'une préparation homogène.
Égoutter les morceaux de pain azyme dans une passoire, puis les mettre dans le mélange œufs-lait et laisser tremper jusqu'à ce qu'ils aient absorbé tout ou la plus grande partie du mélange. Les égoutter dans une passoire pour enlever l'excédent de liquide.

LA CUISSON
Dans une poêle, faire chauffer le beurre et l'huile sur feu moyen. Vous devez en avoir suffisamment pour que la surface du pain soit légèrement frite. Quand le beurre et l'huile commencent à grésiller, ajouter le pain azyme en le séparant de façon qu'il ne soit pas réparti sur plus de deux couches d'épaisseur. Selon la taille de la poêle, il faudra peut-être les cuire en plusieurs fournées. Faire sauter en détachant les morceaux de pain azyme jusqu'à ce qu'ils soient légèrement dorés des deux côtés. Cela prend environ 5 minutes.
Servir chaud, avec de la confiture ou toute autre garniture sucrée. Personnellement, j'aime le mélanger à une quantité inavouable de confiture.

RUGELACHS AU CHOCOLAT

Vous apprécierez autant de préparer ces mignons petits « twists » que de les manger.

POUR 12 CROISSANTS
Préparation : 30 minutes
Cuisson : environ 20 minutes
Réfrigération : 4 heures
Repos : 10 minutes

PÂTE
95 g de farine T65 ou T55
65 g de fromage nature à tartiner
60 g de beurre doux ramolli
2 pincées de sel

GANACHE
2,5 cl de crème liquide
10 g de beurre doux
65 g de chocolat noir
cassé en morceaux

GARNITURE
50 g de chocolat haché finement
50 g de sucre en poudre

DORURE
1 jaune d'œuf
1 cuillère à café d'eau

SAUPOUDRAGE (VERSION CONFITURE)
1 cuillère à soupe de sucre
1 cuillère à café de
cannelle (facultatif)

LA PÂTE
À l'aide d'un robot ou à la main, mélanger les ingrédients de la pâte jusqu'à obtention d'une préparation homogène. L'emballer dans du film alimentaire et la placer au réfrigérateur pour au moins 4 heures.

LA GANACHE
Préchauffer le four à 170 °C. Dans une poêle, faire bouillir sur feu moyen la crème et le beurre. Ajouter les morceaux de chocolat. Hors du feu, laisser fondre pendant 1 minute. Remuer avec une spatule jusqu'à obtention d'une consistance lisse et homogène.

LE FAÇONNAGE
Sur un plan de travail bien fariné, abaisser la pâte à l'aide d'un rouleau à pâtisserie en un disque d'environ 30 cm de diamètre. Étaler la ganache avec une spatule sur tout le disque. Mélanger ensemble les ingrédients de la garniture et la répartir sur la ganache. Réserver les miettes de garniture restantes. Découper le disque en douze parts égales et rouler chacune d'elles en commençant par le grand côté, de façon à former un petit croissant. Poser les croissants ainsi formés au fur et à mesure sur une plaque recouverte de papier cuisson.

LA DORURE
Badigeonner les rugelachs du mélange de jaune d'œuf et d'eau avec un pinceau. Les saupoudrer des miettes de garniture chocolat-sucre.

LA CUISSON
Enfourner à 170 °C pour environ 20 minutes, jusqu'à ce qu'ils soient bien dorés. Laisser refroidir au moins 10 minutes avant de déguster.

POUR PRÉPARER DES RUGELACHS À LA CONFITURE
Remplacer la ganache et la garniture au chocolat par 160 g de confiture (abricot ou framboises, par exemple) et par 80 g de fruits secs (pignons de pin ou pistaches, selon votre goût) hachés et de saupoudrer les rugelachs d'un mélange de sucre et de cannelle.

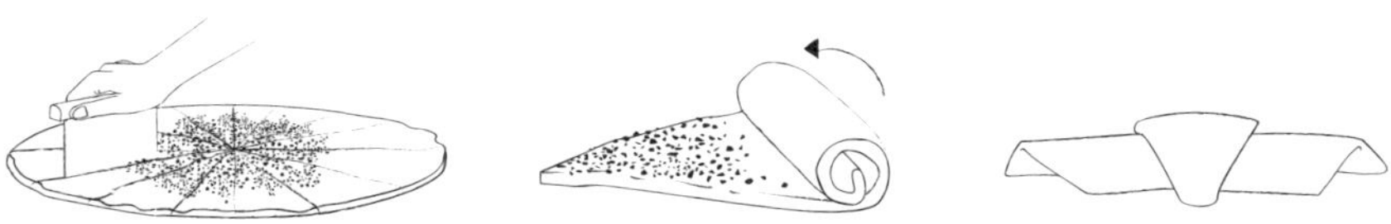

FRENCH TOAST

Le pain perdu est la première chose que j'ai appris à cuisiner lorsque j'étais enfant. Quand je prends le petit déjeuner avec ma mère dans un diner, elle le demande toujours « well soaked » (bien imbibé).

POUR 2 PERSONNES

Préparation : 15 minutes
Cuisson : 4 à 6 minutes

INGRÉDIENTS

300 g de challah (page 14)
4 œufs et 6,5 cl de lait entier
6,5 cl de crème entière liquide
3 gouttes d'extrait de vanille
½ cuillère à café de cannelle
1 pincée de sel et 2 cuillères à café de sucre
45 g de beurre ou 3 cuillères à soupe d'huile de cuisson neutre
sirop d'érable

LA PRÉPARATION

Couper le pain en tranches épaisses (de 2 à 3 cm). Le pain peut être frais, mais c'est encore mieux s'il est un peu rassis. Mélanger à la fourchette ou au fouet tous les ingrédients, à l'exception du beurre et de l'huile, jusqu'à ce que l'ensemble soit homogène. Tremper le pain dans cette préparation pendant quelques minutes de chaque côté, jusqu'à ce que les tranches en soient complètement imbibées.

LA CUISSON ET LE SERVICE

Faire dorer les tranches dans une poêle sur feu moyen, dans l'huile ou le beurre, pendant 2 à 3 minutes de chaque côté. Les tranches doivent être dorées à l'extérieur et encore bien moelleuses à l'intérieur. Servir avec du beurre et du sirop d'érable.

***astuce :** pour moi, le pain perdu préparé avec du challah est ce qu'il y a de meilleur, mais ça marche aussi très bien avec un bon pain de mie.*

RICE CRISPY TREATS

Cette gourmandise de riz soufflé a été inventé par Kellogg's® et se prépare habituellement avec des Rice Krispies® et des marshmallows industriels. Les préparer avec des marshmallows maison et du riz soufflé bio permet d'améliorer l'original.

POUR 16 CARRÉS

Préparation : 10 minutes
Cuisson : 5 minutes
Repos : 30 minutes

INGRÉDIENTS

350 g de riz soufflé (Rice Krispies® ou autres)
75 g de beurre
600 g de marshmallows (page 232)
2 pincées de sel

LA PÂTE

Huiler ou beurrer un moule carré de 24 cm de côté.
Faire fondre le beurre et les marshmallows dans une poêle sur feu doux (faire attention à ne pas trop cuire la préparation, mais couper plutôt la cuisson dès que le beurre et les marshmallows sont fondus).
Ajouter le riz soufflé et mélanger dans un grand bol.

LE MOULAGE ET LE SERVICE

À l'aide d'une spatule, transférer le tout dans le moule à gâteau, en pressant juste assez pour bien répartir le mélange, mais en prenant garde à ne pas écraser le riz soufflé.
Laisser refroidir et couper en carrés.

***astuce :** vous pouvez aussi ajouter des twists, tels que des pépites de chocolat, des graines ou des noix.*

BLINTZ

J'avais l'habitude de dévorer ces crêpes farcies façon ashkénaze chez ma grand-mère. Mes deux garnitures préférées étaient fromage et myrtilles.

POUR 12 BLINTZ
Préparation : 30 minutes
Cuisson : 10 minutes

INGRÉDIENTS SECS DE LA PÂTE
250 g de farine T65 ou T55
3 pincées de sel
2 cuillères à café de sucre en poudre

INGRÉDIENTS LIQUIDES DE LA PÂTE
30 cl de lait
20 cl d'eau
50 g de beurre doux fondu
4 œufs moyens

FARCE AU FROMAGE
450 g de ricotta
100 g de sucre en poudre
3 blancs d'œuf
1,5 cuillère à soupe de Maïzena®

FARCE AUX MYRTILLES
500 g de myrtilles
85 g de sucre en poudre
1,5 cuillère à soupe de Maïzena®
2 cuillères à soupe de beurre doux
crème fraîche pour la garniture

LA PÂTE
Mélanger les ingrédients secs. Fouetter énergiquement les ingrédients liquides, puis incorporer la préparation sèche en continuant de battre jusqu'à ce que le mélange soit homogène. Il faut laisser la pâte reposer pendant au moins 1 heure avant la cuisson, et si possible la préparer la veille et la garder au réfrigérateur.

LA FARCE AU FROMAGE
Mélanger les ingrédients pour la farce au fromage avec une fourchette. Faire cuire la farce dans une poêle portée sur feu doux pendant 10 minutes, jusqu'à obtention d'une consistance semblable à celle de la purée de pommes de terre.

LA FARCE AUX MYRTILLES
Faire fondre le beurre dans une poêle sur feu moyen. Mélanger les autres ingrédients pour la farce aux myrtilles et les faire cuire dans le beurre pendant 5 minutes jusqu'à ce que le mélange soit onctueux.

LA CUISSON ET LE SERVICE
Faire chauffer un peu d'huile dans une poêle portée sur feu moyen. Verser et étaler une louche de pâte dans la poêle chaude. Quand le dessous commence à dorer, retourner la crêpe à l'aide d'une spatule. Étaler à peu près 45 g de farce au milieu de la crêpe, replier les bords et rouler la crêpe pour enfermer la farce. Continuer à faire cuire le blintz des deux côtés, il doit être bien doré partout. Servir chaud, avec de la crème fraîche.

Broadway
RESTAURANT
STEAKS · CHOPS · SEA FOOD
CITY-DATES
BROADWAY
RESTAURANT
FREE DELIVERY
865-2074

11 : 28

BRUNCH TIME

BAGELS

Ce pain emblématique en forme de roue a été introduit à New York par les immigrants juifs d'Europe de l'Est. Aujourd'hui, les bagels frais, authentiques, sont encore assez difficiles à trouver à l'extérieur de New York. C'est la raison pour laquelle certains d'entre nous aiment les préparer eux-mêmes.

POUR 10 BAGELS

Préparation : 30 minutes
Cuisson : 50 minutes
Repos : 1 h 30

INGRÉDIENTS SECS

750 g de farine T55
2 cuillères à soupe de gluten de blé (facultatif)
1,5 cuillère à café (1 sachet) de levure boulangère instantanée
1 cuillère à soupe de sel

INGRÉDIENTS LIQUIDES

39,5 cl d'eau tiède (ou 38 cl si vous n'ajoutez pas le gluten de blé)
2,5 cuillères à soupe de sirop de malt ou de sucre de canne liquide
2 cuillères à soupe d'huile d'olive

INGRÉDIENTS DE POCHAGE

3 litres d'eau
1 cuillère à soupe de fécule de pomme de terre
1 cuillère à soupe de sirop de malt ou de sucre de canne liquide
2 cuillères à soupe de sel

GARNITURE (FACULTATIF)

Les graines de sésame et les graines de pavot sont les plus traditionnelles, mais on peut faire d'autres expériences.

LA PÂTE

Mélanger les ingrédients secs. Battre les ingrédients liquides. Amalgamer les deux préparations et pétrir énergiquement au moins 10 minutes jusqu'à obtention d'une pâte lisse et élastique. Diviser la pâte en 10 portions égales et former des petites boules.

LE FAÇONNAGE

Avec la paume des mains, aplatir et étirer les boules de pâte pour les façonner en forme de boudins de 20 à 25 cm de long. Aplatir l'une des extrémités en forme de capuche. En envelopper l'autre extrémité et pincer pour sceller.
Mettre chaque bagel individuellement sur un petit morceau de papier cuisson carré pour faciliter le transport ultérieur. Saupoudrer de farine, puis couvrir de film alimentaire et laisser lever pendant 1 heure à température ambiante.

LA CUISSON

Préchauffer le four à 225 °C. S'il est électrique, placer un bol d'eau dans le bas 15 minutes avant d'enfourner.
Mélanger la fécule de pomme de terre dans 25 cl d'eau froide, puis la dissoudre avec le reste des ingrédients du pochage dans une grande casserole. Porter à forte ébullition et baisser ensuite le feu pour que l'eau frémisse. Plonger les bagels dans l'eau. Au bout d'environ 1 minute, les retourner et poursuivre la cuisson pendant 30 secondes supplémentaires. Les sortir avec une écumoire et les poser sur une plaque de cuisson recouverte de papier sulfurisé. Éventuellement, parsemer les bagels humides de garniture. Enfourner, baisser la température à 210 °C et cuire pendant 20 à 25 minutes, jusqu'à ce que les bagels brunissent.

CHICKEN SALAD SANDWICH

Voici une crème à tartiner mexicaine traditionnelle à l'avocat, qui remplace la mayonnaise dans la sauce du sandwich « chicken salad » typique.

POUR 2 SANDWICHS
Préparation : 15 minutes

SANDWHICHS
2 bagels (page 72)

GUACAMOLE
1 petit avocat bien mûr écrasé à la fourchette
40 g d'oignon rouge finement émincé (1/3 d'oignon rouge)
½ cuillère à soupe de jus de citron vert
2 pincées de sel
1 tour de moulin à poivre
1 pincée de cumin en poudre
1 ou 2 gouttes de Tabasco® (facultatif)

GARNITURE
300 g de restes de poulet cuit (page 142)
4 rondelles de tomate
1 poignée de roquette
2 pincées de sel
2 tours de moulin à poivre

LE GUACAMOLE
Écraser à la fourchette l'avocat. Émincer l'oignon rouge et l'ajouter à la purée d'avocat. Presser ½ citron vert et ajouter le jus au mélange précédent. Saler, poivrer, ajouter le cumin puis le Tabasco®.

LA GARNITURE ET LE MONTAGE
Couper les restes de poulet en petits morceaux. Les ajouter au guacamole. Mélanger délicatement.
Couper les bagels en deux dans l'épaisseur, puis garnir la partie inférieure de chacun d'eux du mélange guacamole-poulet. Ajouter 2 rondelles de tomates et une poignée de mesclun sur chaque sandwich. Saler et poivrer. Recouvrir avec la partie supérieure du bagel et déguster sans attendre.

POTATO SALAD
Voir page 114.

BAGEL AU SAUMON FUMÉ

Le sandwich du petit déjeuner new-yorkais classique comme ceux des très bons établissements tels que Murray's Sturgeon Shop dans la partie nord-ouest de Manhattan. Rien ne peut le surpasser !

POUR 2 SANDWICHS
Préparation : 5 minutes

INGRÉDIENTS
2 bagels (page 72)
80 g de fromage frais (cream cheese type Philadelphia®, St Môret®…)
200 g de saumon fumé
2 rondelles d'oignon blanc (facultatif)
6 fines tranches de tomate

Couper les bagels en deux dans l'épaisseur. Vous pouvez les faire griller si vous voulez, mais normalement, s'ils sont frais, ce n'est pas la peine. Tartiner les deux moitiés d'une couche épaisse de fromage frais et, sur la partie inférieure, ajouter successivement : du saumon fumé, 1 rondelle d'oignon blanc et 2 ou 3 tranches fines de tomate. Recouvrir avec la partie supérieure du bagel et couper en deux avant de déguster.

BIALYS

Tandis que le bagel est bouilli et cuit au four, son cousin moins connu, le bialy, est juste cuit au four. L'autre grosse différence est que le bialy est juste creusé au centre alors que le bagel a un trou.

POUR 6 BIALYS

Préparation : 25 minutes
Levée : 2 h 30
Cuisson : 2 minutes pour la garniture, 10 minutes pour les bialys
Repos : 15 minutes

PÂTE

400 g de farine T55
1,5 cuillère à café ou 1 sachet de levure boulangère instantanée
1 cuillère à soupe de sel
25 cl d'eau tiède
1 cuillère à soupe d'huile d'olive (1,5 cl)

CUISSON SUR PLAQUE

2 pincées de farine de maïs
1 noisette de beurre

GARNITURE

3 cuillères à soupe d'huile d'olive
150 g d'oignon épluché et émincé finement
1 cuillère à café de graines de pavot
1 cuillère à café de sel

LA PÂTE

Mélanger ensemble la farine, la levure et le sel. Dans une jatte, battre l'eau tiède et l'huile d'olive. Incorporer le premier mélange au second et pétrir énergiquement à la main ou au robot pendant 10 minutes, jusqu'à obtention d'une pâte homogène et élastique. Former une boule de pâte lisse. La mettre dans un saladier huilé et la couvrir d'un film alimentaire. Laisser lever jusqu'à ce qu'elle double de volume (environ 1 h 30 à température ambiante).

LE FAÇONNAGE

Diviser la pâte en 6 portions de même taille. Former des petites boules et les aplatir entre les paumes des mains. Disposer les disques de pâte sur une feuille de papier sulfurisé beurrée et farinée. Plier les bords opposés vers le centre et pincer de façon à former des boules irrégulières. Saupoudrer de farine, puis couvrir de film alimentaire. Laisser lever au moins 1 heure à température ambiante. Avec la paume de la main, écraser les boules de pâte gonflées, puis appuyer au centre de chaque bialy pour former un grand creux.

LA GARNITURE

Chauffer 2 cuillères à soupe d'huile d'olive dans une poêle et y faire sauter les oignons et les graines de pavot. Saler. Disposer un peu du mélange oignons-pavot au centre de chaque bialy et badigeonner au pinceau la surface des bialys avec le reste d'huile d'olive. Ne pas s'inquiéter si le mélange aux oignons déborde, les bialys doivent être imparfaits !

LA CUISSON

Préchauffer le four à 225 °C. Enfourner les bialys au milieu ou dans la partie supérieure du four et cuire 10 minutes environ, jusqu'à ce qu'ils soient bien dorés.

BIALYS AU MAQUEREAU

À New York, cette crème de sandwich est préparée avec du poisson blanc, mais en France, j'utilise du maquereau fumé, qui techniquement est un poisson bleu. Je vous assure, c'est tout aussi bon.

POUR ENVIRON 3 BIALYS
Préparation : 20 minutes
Réfrigération : au moins 30 minutes

SANDWICHS
3 bialys (page 78)

GARNITURE
150 g de chair de poisson bleu fumée cuite (maquereau ou hareng « bouffi »)
50 g de fenouil et/ou de céleri en branche finement émincé
25 g d'oignon finement émincé
2,5 cuillères à soupe de crème fraîche épaisse
1 cuillère à soupe de mayonnaise nature (page 264)
1 pincée de sel
1 tour de moulin à poivre

MONTAGE
6 feuilles de salade (romaine ou laitue)
½ petit concombre coupé en rondelles très fines ou l'équivalent en cornichons doux (voir « fast pickles », page 240)

LA GARNITURE
Enlever la peau et détacher la chair du poisson. Retirer les arêtes. Émincer finement le fenouil et/ou le céleri en branche et l'oignon, puis les ajouter à la chair de poisson. Ajouter la crème et la mayonnaise, saler, poivrer et mélanger délicatement. Placer au réfrigérateur pour au moins 30 minutes.

LE MONTAGE
Couper les bialys en deux. Recouvrir la partie inférieure de chaque bialy de 2 feuilles de salade, puis de garniture au poisson bleu. Répartir les rondelles de concombre ou de cornichon, refermer avec la partie supérieure de chaque pain et déguster aussitôt.

LE COLESLAW
Voir page 265.

Cate
A Sample Arr
KATZ'
Famous Hot o
CANAP
Anytin

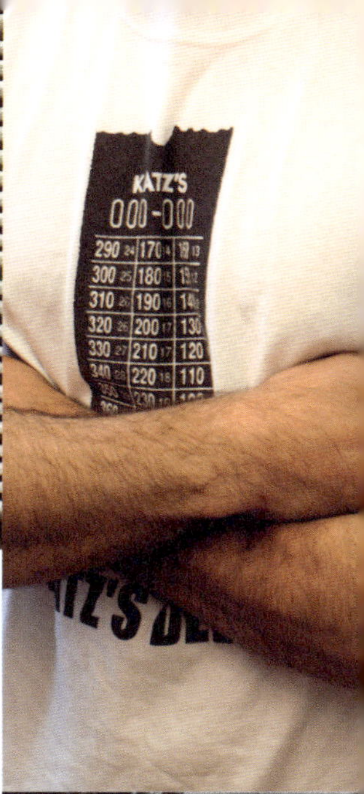

KATZ'S

Dans les années 1930, l'âge d'or du théâtre yiddish dans le sud-est de Manhattan, ce delicatessen juif était l'endroit où il fallait être. Aujourd'hui, avec ses inimitables sandwichs au corned-beef ou ses knishes, il reste une institution incontournable pour les locaux comme pour les touristes.

EGGS OVER EASY

Ce sont des œufs sur le plat brièvement sautés et retournés.

POUR 1 PERSONNE
Préparation : 5 minutes
Cuisson : 5 minutes

INGRÉDIENTS
2 œufs
3 cuillères à soupe de beurre doux et/ou d'huile d'olive

LES ŒUFS
Sur feu moyen, faire chauffer un beau morceau de beurre, de l'huile d'olive ou un mélange des deux dans une poêle (vraiment) antiadhésive. Quand le beurre et/ou l'huile d'olive grésille, casser l'œuf avec précaution dans la poêle. Au bout de 2 minutes, s'assurer que l'œuf n'attache pas au fond de la poêle en glissant une spatule large, fine et propre sous l'œuf afin de décoller toute partie attachée. Incliner la poêle pour faire glisser l'œuf sur la spatule (en agitant la spatule et en la faisant avancer si nécessaire), et retourner doucement l'œuf au bord de la poêle (attention de ne pas le faire tomber !). Au bout d'environ 20 secondes, incliner la poêle et glisser l'œuf sur le bord d'une assiette. Avec de la pratique, vous verrez qu'il deviendra facile de préparer les œufs de cette façon. Pendant votre entraînement, vous pouvez considérer que les « œufs super faciles » sont un moyen d'exercer votre délicatesse.

LE BACON À LA POÊLE
Voir page 88.

LES HASH BROWNS
Voir page suivante.

HASH BROWNS

Pommes de terre râpées cuites à la poêle.

POUR 1 PERSONNE
Préparation : 15 minutes
Cuisson : 10 minutes

INGRÉDIENTS
environ 200 g de pommes de terre
10 cl d'huile de cuisson
sel et poivre

LA PRÉPARATION DES POMMES DE TERRE
Peler les pommes de terre et les râper avec une râpe manuelle ou la râpe d'un robot ménager. Au-dessus d'une passoire (pour récupérer les morceaux susceptibles de tomber), presser les pommes de terre avec la main pour en extraire autant d'eau que possible.

LA CUISSON
Dans une petite poêle, verser les pommes de terre dans un 5 mm d'huile grésillante. Mettre suffisamment de pommes de terre pour remplir complètement la poêle sur 1 cm d'épaisseur. La quantité exacte dépendra de la taille de la poêle. Utiliser une spatule pour étaler les pommes de terre, puis soulever doucement le bord de la galette qui se rétracte et se solidifie un peu comme le pourtour d'un pancake en cours de cuisson. Au bout de 5 minutes environ, quand le dessous est bien doré, retourner la galette de pommes de terre à l'aide de la spatule. Plus la poêle est petite, plus il est facile de retourner la galette en un seul morceau. Poursuivre la cuisson pendant 5 minutes jusqu'à ce que la seconde fade de la galette soit dorée.

LE SERVICE
Placer les galettes sur du papier absorbant ou sur une grille pour éliminer l'excès de gras. On peut garder les galettes de pommes de terre au chaud dans un four préchauffé à 100 °C. Saler et poivrer.

CHARCOAL
PRIME
STEAKS
& RIBS
VISA
BIG NICK'S JOINTS HAVE BEEN FEATURE
•DAILY NEWS
•NEW YORK
MAG. (GAEL GREENE)
•GOOD
HOUSEK'G
•ABC-TV NEWS
•WOR-RADIO
<JOAN HAMBURG>
•NY ON $60 A DAY.
•N.Y. TIM
•NEW. DA
•WESTSI
•"MIDNIGH
COW

BACON FUMÉ

J'adore manger du bacon fumé au petit déjeuner. Rien que l'odeur (tout particulièrement lorsqu'elle se mêle à celle du café) donne une excellente raison de se lever. Il s'accorde toujours parfaitement avec ce que je mange au petit déjeuner – que ce soit du salé, comme des œufs et des pommes de terre, ou quelque chose de sucré, comme des pancakes ou du pain perdu. D'ailleurs, ce que je préfère, c'est quand le bacon croustillant et salé baigne dans le sirop d'érable. J'aime le cuisiner de différentes façons mais, abstraction faite de la méthode, je vous conseille de choisir une viande de la meilleure qualité possible, cela fera toute la différence.

BACON À LA POÊLE

C'est la technique que j'utilise quand je prépare du bacon pour quelques personnes seulement ou qu'il m'est difficile d'utiliser un four.

Placer les tranches de bacon côte à côte dans une poêle antiadhésive froide. Chauffer sur feu moyen et quand, après quelques minutes, le bacon se détache, retourner les tranches à l'aide de baguettes chinoises ou d'une pince. Poursuivre la cuisson en retournant le bacon jusqu'à ce qu'il soit croustillant comme vous l'aimez. L'égoutter sur du papier absorbant et servir.

BACON AU FOUR

Cette méthode est plus appropriée si vous devez préparer une grande quantité de bacon en une seule fois. Le bacon sera aussi plus uniformément croustillant, et c'est moins salissant que de le cuire à la poêle.

Préchauffer le four à 205 °C. Placer les tranches de bacon côte à côte sur la plaque du four (recouverte ou non de papier cuisson). Cuire pendant environ 15 minutes jusqu'à ce que le bacon soit aussi croustillant que vous le souhaitez.

BACON CARAMÉLISÉ

Une savoureuse interprétation du bacon cuit au four.

Préchauffer le four à 160 °C. Couvrir la plaque du four de papier cuisson.

Verser du sucre en poudre dans une grande assiette. Passer les tranches de bacon dans le sucre des deux côtés, l'une après l'autre. Les déposer sur la plaque et enfourner pour 25 à 30 minutes, en vérifiant régulièrement que le sucre ne brûle pas. Servir chaud ou réchauffé.

HUEVOS RANCHEROS

À Brooklyn, vous pouvez trouver une version excellente de ce petit déjeuner mexicain dans le restaurant La Esquina. Pour recréer l'expérience à Paris, je me tourne vers mon expert personnel en tout ce qui touche aux choses mexicaines, mon associé Amaury de Veyrac.

POUR 2 PERSONNES
Préparation : 45 minutes
Cuisson : 25 minutes

TORTILLAS (UNE DIZAINE)
150 g de farine de blé
150 g de farine de maïs
(ou remplacer par la même quantité de farine de blé)
20 cl d'eau tiède

SALSA DE TOMATES
2 tomates
1 petit oignon rouge
1 gousse d'ail
1 pincée d'origan séché
1 cuillère à café de sucre
1 piment jalapeño ou 1 pincée de piment d'Espelette en poudre
sel et poivre
huile de tournesol

ŒUFS ET GARNITURE
2 œufs
4 brins de coriandre fraîche
100 g d'emmental râpé finement
4 cuillères à soupe de haricots noirs en boîte (facultatif)
1 citron vert
1 avocat (facultatif)
huile de tournesol

LA PÂTE À TORTILLAS
Mélanger les deux types de farine dans un saladier. Ajouter progressivement l'eau tout en malaxant jusqu'à obtention d'une pâte épaisse. Continuer de pétrir longuement sur un plan de travail fariné. Lorsque vous avez une boule bien homogène, la diviser en 10 portions égales et les étaler au rouleau à pâtisserie sur le plan de travail fariné en faisant des galettes le plus fines possible.

LA CUISSON DES TORTILLAS
Faire chauffer une poêle antiadhésive à feu vif et faire cuire les tortillas environ 1 minute de chaque côté. Vous devez avoir quelques taches brunes sur les deux faces.
Empiler celles qui sont prêtes entre deux feuilles de papier d'aluminium pour éviter qu'elles ne dessèchent.

LES HARICOTS
Si vous optez pour la formule avec haricots noirs, les réchauffer avec une pincée de sel dans une casserole, puis les écraser à la fourchette pour former une purée. Réserver au four chaud à couvert.

LA SALSA DE TOMATES
Faire blondir l'oignon émincé dans une casserole avec un peu d'huile de tournesol. Couper les tomates grossièrement et en épépiner une pour éviter d'avoir une sauce trop liquide. Les mettre dans une petite casserole à feu moyen avec l'origan, le sucre, du sel, du poivre, l'ail haché ainsi que le piment épépiné et émincé. Laisser mijoter à couvert en remuant de temps en temps. Après 15 minutes, mixer grossièrement le tout.

LES ŒUFS ET LE MONTAGE
Faire frire deux à quatre tortillas (c'est selon l'appétit) dans une poêle à feu vif avec de l'huile de tournesol, environ 2 minutes de chaque côté (vous pouvez congeler les autres dans du film alimentaire). Faire frire les œufs au plat dans la même poêle, les parsemer des trois quarts du fromage.
Dans chaque assiette, disposer l'œuf sur la tortilla tiède avec la sauce tomate (autour du jaune), quelques morceaux d'avocat, la purée de haricots noirs, la coriandre grossièrement hachée, le reste de fromage, et un peu de jus de citron vert pour terminer. Buen provecho !

OMELETTE

Ce que j'aime dans une omelette, c'est sa douce forme tubulaire (ce n'est pas un simple cercle plié en deux), un jaune baveux en surface (ni sec ni grillé) et un intérieur légèrement humide (mais pas cru). Après, le choix de la garniture est illimité.

POUR 1 OMELETTE
Préparation : 10 minutes
Cuisson : 25 minutes

OMELETTE
3 ou 4 œufs
1 cuillère à soupe de lait
1 pincée de sel
1 cuillère à café d'herbes séchées ou fraîches et hachées (facultatif, selon votre goût)
2 cuillères à soupe de beurre ou d'huile

GARNITURE
1 grosse poignée de pousses d'épinards
1 grosse poignée de champignons de Paris émincés
1 cuillère à soupe de pignons de pin
3 cuillères à soupe de fromage de chèvre crémeux

LA GARNITURE
Voici une garniture que je prépare souvent à la maison : des pousses d'épinards avec des pignons de pin, du fromage de chèvre et des champignons grillés.
Faire suer et griller à feu moyen et séparément les pousses d'épinards et les champignons, jeter l'eau des légumes. Faire griller les pignons 1 à 2 minutes, jusqu'à ce qu'ils soient dorés. Écraser le fromage de chèvre à la fourchette ou avec les mains.

L'OMELETTE
Fouetter ensemble tous les ingrédients de l'omelette jusqu'à obtention d'un mélange homogène.
Sur feu doux à moyen, faire fondre la matière grasse choisie dans une poêle antiadhésive et verser les œufs. Il est essentiel que les œufs n'attachent pas au fond de la poêle, c'est la raison pour laquelle je vous conseille de mettre un beau morceau de beurre ou suffisamment d'huile, et que j'insiste sur le fait que la poêle doit être vraiment antiadhésive. Mais libre à vous de ne pas graisser votre poêle si ce n'est pas indispensable.
Avec la spatule, mélanger les œufs en les rabattant comme on le fait pour les œufs brouillés, en inclinant la poêle en même temps, de façon que l'omelette encore liquide emplisse les vides créés par la spatule. Le principe est de cuire uniformément les œufs sur feu doux à moyen afin de ne pas avoir une omelette brûlée à l'extérieur et crue à l'intérieur. Après quelques minutes, les œufs sont déjà bien pris mais toujours un peu humides. Incliner la poêle une dernière fois pour remplir les trous.

LE PLIAGE
Ajouter la garniture au milieu de l'omelette, sur une bande d'environ un tiers de la surface. Laisser les œufs prendre environ 1 minute avant de vérifier avec la spatule qu'ils sont suffisamment cuits pour tenir au moment du pliage. Quand c'est le cas (avant que les œufs soient desséchés), rouler l'omelette autour de la garniture pour former un tube et la glisser dans l'assiette.

LES HASH BROWNS
Voir page 86.

NYC
NEW YORK CITY
NYC

EGGS BENEDICT

Une légende raconte qu'un client de l'hôtel Waldorf Astoria de New York a inventé les œufs bénédictine en cherchant une recette pour soulager sa gueule de bois.

POUR 6 PORTIONS
Préparation : 20 minutes
Cuisson : 25 minutes

ŒUFS
12 œufs
vinaigre blanc ou vinaigre de riz
6 english muffins (page 96)
12 à 24 tranches de bacon
100 g de beurre
piment de Cayenne (facultatif)

SAUCE HOLLANDAISE
Même si l'on trouve dans le commerce des sauces hollandaises toutes prêtes, je vous encourage à la préparer vous-même. Cela fera toute la différence.
2 jaunes d'œuf
1 cuillère à café de jus de citron
1 cuillère à café de vin blanc
115 g de beurre doux
(de préférence clarifié)

LA SAUCE
Faire bouillir une casserole d'eau et éteindre le feu. Dans un grand bol, fouetter les jaunes, le jus de citron et le vin (ou de l'eau) jusqu'à ce que le mélange épaississe. Placer le bol sur la casserole d'eau chaude, verser doucement le beurre fondu et clarifié dans le bol, sans cesser de fouetter jusqu'à obtention d'une émulsion légèrement moins épaisse qu'une mayonnaise. Laisser le bol au-dessus de l'eau chaude jusqu'au moment de servir. Si la sauce devient trop épaisse, ajouter un peu d'eau chaude et fouetter pour la fluidifier.

LES ŒUFS POCHÉS
Si vous n'avez pas de pocheuse à œufs, pocher les œufs à l'ancienne. Porter à ébullition 1 à 2 litres d'eau dans une grande casserole, puis baisser le feu. Ajouter un peu de vinaigre blanc ou de vinaigre de riz pour faciliter la coagulation des œufs (1 à 2 cuillères à soupe par litre d'eau). Casser un œuf avec précaution dans une petite tasse ou un bol et le faire glisser lentement dans l'eau – le but étant d'empêcher le blanc d'œuf de trop se répandre. Donner un petit coup de spatule et envelopper le jaune avec le blanc. Quand le blanc est pris (c'est-à-dire pas visqueux et transparent) mais avant qu'il ne soit dur et pâle, retirer l'œuf poché à l'aide d'une écumoire.
Les œufs pochés qui ne seront pas servis tout de suite peuvent être retirés de l'eau encore légèrement sous-cuits et conservés dans de l'eau froide jusqu'au moment de servir. On peut les réchauffer en les plongeant dans de l'eau frémissante pendant environ 20 secondes.

LA VIANDE
Le bacon rond, dit « canadien », est le plus traditionnel, mais libre à vous d'utiliser d'autres charcuteries telles que des tranches de bacon fumé ou de la coppa. Dans tous les cas, griller la viande dans une poêle sur feu moyen quelques minutes de chaque côté jusqu'à ce qu'elle soit aussi croustillante qu'on le souhaite. Dans une autre version populaire, on remplace la viande par un mélange de saumon fumé et d'épinards cuits.

LE MONTAGE
Faire griller les english muffins et les tartiner de beurre. Disposer 1 ou 2 tranches de bacon grillé dessus, puis les œufs. Verser la sauce et saupoudrer de piment de Cayenne.

POMMES DE TERRE
Voir « home fries », page 265.

ENGLISH MUFFINS

Mon ami boulanger Gavin Smart a eu la gentillesse de partager sa recette de muffins anglais.

POUR 10 MUFFINS

Préparation : 20 minutes
Cuisson : 20 minutes
Repos : environ 3 heures

INGRÉDIENTS

30 g de sucre
47,5 cl d'eau (à 40 °C environ)
30 g de levure fraîche de boulanger
1 portion (235 g) de levain liquide
de 875 g à 1 kg de farine (T65)
60 g de lait en poudre
60 g de beurre
15 g de sel
30 g de farine de semoule
un peu d'huile végétale

LEVAIN LIQUIDE POUR 3 PORTIONS

Préparation : 20 minutes
Repos : environ 2,5 jours et demi

PRÉPARATION 1

50 g d'eau tiède
50 g de farine complète

PRÉPARATION 2

100 g d'eau
100 g de farine T65
20 g de sucre semoule

PRÉPARATION 3

200 g de farine T65
200 g d'eau

LEVAIN LIQUIDE

Mélanger la première préparation dans un saladier à l'aide d'un fouet, couvrir de film alimentaire et laisser fermenter pendant une journée à température ambiante. Mélanger la deuxième préparation de la même façon, l'ajouter à la première et mélanger à nouveau. Couvrir de film alimentaire et laisser fermenter un jour supplémentaire. Mélanger la troisième préparation comme les autres, l'ajouter au levain et mélanger à nouveau. Couvrir de film alimentaire et laisser fermenter pendant une demi-journée. Votre levain est prêt à être utilisé.

LA PÂTE

Préchauffer le four à 180 °C. Dans un saladier, diluer le sucre dans l'eau, ajouter la levure, une portion de levain liquide et 125 g de farine. Fouetter. Laisser la préparation fermenter 2 ou 3 minutes. Ajouter le lait en poudre, le beurre, le sel et 125 g de farine. Bien mélanger. Ajouter le reste de la farine et amalgamer le tout jusqu'à obtention d'une pâte homogène qui se détache du saladier. Verser la pâte sur le plan de travail et pétrir 8 minutes, jusqu'à ce qu'elle soit bien lisse mais pas trop ferme. Ajouter un peu de farine si nécessaire. Gratter puis graisser le saladier avec un peu d'huile végétale. Mettre la pâte dedans. Couvrir de film alimentaire et laisser pousser pendant environ 2 heures à température ambiante.

LE FAÇONNAGE

Quand la pâte a doublé de volume, la mettre sur le plan de travail bien fariné. Laisser reposer quelques minutes, puis la diviser en 2 morceaux. Étaler chaque morceau sur une épaisseur de 1,5 cm et couper des cercles à l'aide d'un emporte-pièce rond. Saupoudrer 2 ou 3 plaques de cuisson de farine de semoule et poser les cercles de pâte dessus. Saupoudrer encore de farine, couvrir de film alimentaire et laisser gonfler pendant 1 heure environ.

LA CUISSON

Préchauffer une poêle sur feu moyen et y déposer délicatement 3 ou 4 muffins, selon la taille de la poêle (ne pas en mettre trop d'un coup). Les faire cuire pendant 5 à 10 minutes de chaque côté, jusqu'à ce qu'ils se colorent. Terminer la cuisson à four chaud pendant environ 5 minutes, pour vous assurer qu'ils sont bien cuits à cœur.

***astuce :** conserver votre levain dans une boîte hermétique au réfrigérateur entre 5 jours et une semaine. Ensuite, il est nécessaire de le rafraîchir avec la même quantité d'eau chaude que de farine. Par exemple 100 g d'eau chaude pour 100 g de farine T65. Sortir le levain du réfrigérateur, mélanger comme précédemment et laisser fermenter quelques instants avant de le remettre au frais.*

BIG NICK'S DESSERTS
Zeppoles/Loukoumades $5.50
PASTRIES
CHEESECAKE
BIG NICK'S
Kids' Menu
FOR SUMMER!
OLD SOUPS &
OOL SALADS
THIS BOOTH IS FOR MORE THAN ONE PERSON.
PLEASE PAY YOUR CHECK AT THE REGISTER ONLY. THANK YOU
LOW CARB ROLL for SANDWICHES & BURGERS
BIG NICK'S
MEATLESS
VEAL BU
CHICKEN B
Pickles
With Chutney dip
SUMMER SALADS
VARIETY OF COLD & HOT SOUPS
WRAP SANDWICHES
HOMEMADE SMOOTHIES
KIDS BURGER
BREAKFAST SPECIALS

SUMO
BURGERS
ASK ME!
ZEPPOLES
VARIETY OF
DESSERTS

12 : 42

LUNCH TIME

PAINS POUR HAMBURGERS & HOT-DOGS

Pour un super burger ou un super hot-dog, le pain est au moins aussi important que ce que vous mettez dedans. Le vrai test pour un « bun », c'est qu'il soit bon lorsque vous le mangez seul. Ceux-ci le sont.

POUR 10 PAINS À HAMBURGER OU 10 PAINS À HOT-DOG

Préparation : 25 minutes
Cuisson : 11 à 12 minutes
Repos : 2 h 30

INGRÉDIENTS SECS

680 g de farine T55
+ un peu pour les moules
2 cuillères à café de levure boulangère instantanée
4 cuillères à soupe de sucre en poudre
2 cuillères à café de sel

INGRÉDIENTS LIQUIDES

50 g de beurre
+ un peu pour les moules
14 cl d'eau
18 cl de lait
4 jaunes d'œuf

DORURE

1,5 cuillère à soupe de lait

LA PÂTE

Mélanger ensemble les ingrédients secs. Faire chauffer dans une casserole l'eau et le beurre jusqu'à ce qu'il fonde. Retirer du feu et ajouter le lait. Vérifier la température du mélange avec un thermomètre. Elle doit être comprise entre 49 et 55 °C. Assembler les deux préparations. Commencer à pétrir et ajouter les jaunes d'œuf un par un, en pétrissant bien après chaque ajout. Continuer de pétrir jusqu'à ce que la pâte soit très élastique (10 minutes au robot, 10 à 20 minutes à la main). Former une boule lisse. La placer dans un récipient huilé et couvrir de film alimentaire. La laisser lever jusqu'à ce qu'elle ait doublé de volume (environ 1 h 30 à température ambiante).

LE FAÇONNAGE ET LA DEUXIÈME LEVÉE

Diviser le pâton en 10 portions égales.
Pour des pains à hamburger, façonner les portions en boules avec la paume des mains et les placer dans des moules circulaires d'environ 12 cm de diamètre et 2 cm de haut, préalablement beurrés et farinés.
Pour des pains à hot-dog, les façonner en forme de navettes (idéalement, des boudins d'environ 4 cm de diamètre et 12 cm de long) et les mettre dans des moules allongés beurrés et farinés ou leur équivalent fait maison avec du papier d'aluminium.
Placer les moules sur une plaque de cuisson. Saupoudrer de farine, puis couvrir de film alimentaire. Laisser lever jusqu'à ce qu'elles aient doublé de volume (au moins 1 heure à température ambiante).

LA CUISSON

Préchauffer le four à 220 °C. Dorer les pains en les badigeonneant de lait au pinceau sans les écraser. Les faire cuire les buns 11 à 12 minutes, jusqu'à ce qu'ils soient bien dorés. Le dessous doit être légèrement coloré.

CHEESEBURGER

Il est facile de préparer un burger qui est juste « pas mal ». Faire passer vos burgers et hamburgers au niveau supérieur nécessite un peu plus d'effort, mais ça en vaut vraiment la peine. Voici les règles élémentaires.

POUR 2 CHEESEBURGERS
Préparation : 15 minutes
Cuisson : 10 minutes

INGRÉDIENTS
200 g de viande hachée
2 buns (page 102)
2 tranches de fromage (cheddar, comté…)
6 rondelles d'oignon ou d'oignon mariné ou d'autres pickles (facultatif)
salade et/ou tomate
4 cuillères à soupe de sauce (ketchup, mayonnaise, « special sauce »…)

SPECIAL SAUCE
12,5 cl de mayonnaise
1 cuillère à soupe de ketchup
1 cuillère à café de moutarde
1 cuillère à café de cornichons doux finement émincés
1 cuillère à café de Tabasco®
(facultatif)

***note :** les possibilités pour les mélanges de viande sont sans fin, vous pouvez même y ajouter du porc, de l'agneau, etc. La clé est que votre viande hachée ne soit pas trop maigre. Elle doit avoir entre 15 et 25 % de matières grasses. Un mélange new-yorkais populaire se compose d'une moitié de surlonge, d'un quart d'épaule et d'un quart de poitrine. Si vous ne devez prendre qu'un seul morceau, l'épaule sera probablement votre meilleur choix.*

LA VIANDE ET LE FROMAGE
Il faut résister à la tentation de tasser la viande en disques parfaits et denses – comme les préformés du supermarché ou les formes que leur donne le boucher. Les burgers cuisent mieux lorsqu'ils sont vaguement mis en forme, alors il faut les travailler avec les mains et sans trop appuyer. Une portion de bonne taille fait environ 100 g. Elle peut être plus petite. Dans une poêle antiadhésive avec un peu de beurre ou d'huile, griller la viande sur un feu moyen à fort, en la retournant une seule fois si possible. Presser doucement la viande avec le bout d'une spatule. Au bout de 3 à 5 minutes, quand elle est bien grillée, retourner la viande et la faire cuire de l'autre côté pendant 3 à 5 minutes. La température de l'intérieur de la viande devrait se situer entre 60 et 70 °C (c'est selon le goût). Vérifier la cuisson en appuyant sur le steak avec les doigts : plus il est dense et plus il est cuit. Pour un cheeseburger, ajouter une tranche ou deux de fromage sur le côté grillé du steak une fois retourné. Le fromage va fondre pendant que la viande continue à cuire.

LES GARNITURES ET LES BUNS
Préparer les garnitures à l'avance. Elles peuvent être composées de salade, de tomates, de pickles (oignons marinés par exemple) et d'une sauce, comme un ketchup (page 264), une mayonnaise (page 264), ou une « special sauce », qui est généralement un mélange de différents condiments. Couper et faire griller les pains juste avant de commencer à faire cuire la viande de façon qu'ils soient encore chauds au moment du service du burger. On peut les faire griller dans un petit peu de beurre, mais c'est facultatif.

L'ASSEMBLAGE
Mettre la sauce sur la moitié inférieure du pain toasté et la viande grillée dessus, suivie des autres garnitures telles que la salade ou la tomate. On peut poser des pickles en tranches sous ou sur la viande.

LES OIGNONS MARINÉS
Voir « fast pickles », page 242.

LES FRITES
Voir « french fries », page 128.

TOP
QUALITY
MEATS

VEGGIE BURGER

Un bon burger végétarien doit être pleinement satisfaisant pour un mangeur de viande comme pour un végétarien. Voici une recette de galette que je bidouille depuis des années.

POUR 4 GALETTES
Préparation : 20 minutes
Cuisson : 45 minutes

À SAUTER
15 g d'oignons émincés
15 g de champignons de Paris émincés
1 cuillère à soupe d'huile de cuisson
2 pincées de piment doux ou fumé (facultatif)

À CUIRE
100 g de blé (ou un peu plus, sachant que les volumes peuvent varier)

AUTRES INGRÉDIENTS
2 blancs d'œuf
175 g de haricots rouges égouttés
3 dattes medjoul dénoyautées
1 cuillère à soupe de Maïzena®
2 cuillères à soupe de betterave (crue de préférence, pelée et coupée en cubes)
1 cuillère à soupe de sauce soja
2 pincées de sucre brun
2 cuillères à soupe de persil plat
1 cuillère à café de sel
huile de cuisson (suffisamment pour cuire les galettes)

LA CUISSON DU BLÉ
Les 100 g de blé plus trois fois leur volume d'eau doivent donner 300 g de blé cuit, mais il est prudent d'en faire cuire un peu plus. Faire bouillir l'eau avec le blé, puis baisser le feu et laisser mijoter pendant environ 30 minutes. Si, lorsque l'eau est absorbée, le blé est encore trop dur, ajouter plus d'eau et poursuivre la cuisson jusqu'à ce que le blé soit aussi tendre que souhaité. Si, à l'opposé, le blé est tendre avant que l'eau ne soit absorbée, couper le feu et égoutter l'eau en excès.

LES LÉGUMES SAUTÉS
Faire sauter les oignons et les champignons dans l'huile pendant 5 minutes environ jusqu'à ce que les oignons soient translucides. Ajouter le piment pour finir.

LES GALETTES
Mixer les légumes sautés et le blé cuit avec les autres ingrédients dans un robot avec une lame en « S » ou à la main avec une fourchette. Dans une poêle, faire cuire à feu doux les galettes dans de l'huile, 5 à 7 minutes de chaque côté, jusqu'à ce qu'elles soient bien dorées. Ensuite, les retourner délicatement avec une grande spatule fine. Pour obtenir des galettes uniformes, utiliser un emporte-pièce rond rempli aux trois quarts dans la poêle. L'enlever avant de retourner la galette.

LE BURGER
Servir sur des buns avec de la sauce et une garniture comme pour les hamburgers à la viande (page 104).

LES PATATES DOUCES
Voir « home fries », page 265.

BURGER AUX AUBERGINES

C'est un hybride entre deux de mes sandwichs new-yorkais favoris :
le « pizza burger » des diners et le traditionnel italien « eggplant parmesan sub ».

POUR 4 TARTINES

Préparation : 20 minutes
Cuisson : 20 minutes
Repos : 30 minutes

GARNITURE À L'AUBERGINE

1 aubergine
2 cuillères à café de sel
150 g de farine
1 œuf
1 cuillère à café de lait
150 g de chapelure
1 cuillère à café d'origan séché
1 cuillère à café de basilic séché
10 cl d'huile de cuisson (en ajouter si nécessaire)

AUTRES INGRÉDIENTS

250 g de mozzarella, tranchée
3 cuillères à soupe de parmesan râpé
25 cl de sauce tomate (page 166)
2 buns (page 102)

LA GARNITURE

Couper l'aubergine en tranches d'environ 1 cm d'épaisseur. Les saler et les laisser dégorger 30 minutes dans une passoire. Sécher les tranches sur du papier absorbant.
Préparer un bol avec la farine. Dans un autre bol, battre l'œuf avec le lait. Dans un troisième bol, mélanger la chapelure et les herbes séchées. Faire chauffer environ 2 cm d'huile dans une poêle assez profonde à feu moyen. Tremper les tranches d'aubergine d'abord dans la farine, puis dans l'œuf et enfin dans la chapelure. Faire dorer dans l'huile pendant quelques minutes de chaque côté et les égoutter sur du papier absorbant. Préchauffer le four à 210 °C.

LA CUISSON ET LE MONTAGE

Sur une plaque tapissée de papier cuisson, préparer les piles (une par tartine) en alternant les tranches d'aubergine et les deux sortes de fromage, et en mettant parfois un peu de sauce tomate sous le fromage. Enfourner quelques minutes, jusqu'à ce que le fromage commence à faire des bulles. Pendant que les petites piles cuisent, couper les pains à hamburger et les griller dans un peu de beurre à la poêle jusqu'à ce qu'ils soient légèrement dorés. Sur un plat de service, couvrir l'intérieur des pains de sauce tomate. Placer les piles à l'aubergine cuites dessus. Percer avec un cure-dents pour faire tenir les tartines.

LA SALADE GRECQUE

Voir page suivante.

SALADE GRECQUE

En termes de salade grecque, la référence est pour moi la recette généreuse du resto Big Nick's, dans le nord-ouest de Manhattan, où elle est servie avec une sauce aux morceaux croquants.

POUR 4 PERSONNES
Préparation : 20 minutes
Réfrigération : 30 minutes

INGRÉDIENTS
250 g de tomates cœur de pigeon
1 petit concombre épluché, épépiné
2 poivrons (jaunes ou orange de préférence)
½ oignon rouge
3 anchois
250 g de feta
100 g d'olives noires à la grecque

SAUCE
5 cl d'huile d'olive
3 cl de jus de citron
3 cl de vinaigre de vin rouge
½ cuillère à café d'origan séché
2 gousses d'ail écrasées
1 tour de moulin à poivre noir
2 pincées de sel
1 cuillère à soupe d'oignon rouge finement émincé
1 cuillère à soupe de poivron (jaune ou orange de préférence) finement émincé

LA SAUCE
Émincer finement l'oignon rouge et les poivrons, écraser les gousses d'ail.
Fouetter ensemble les autres ingrédients, ajouter les gousses d'ail, l'oignon rouge et le poivron, et mélanger.

LA SALADE
Couper les tomates en deux dans la longueur. Couper en cubes le concombre épluché et épépiné, les poivrons, l'oignon rouge et la feta. Couper les anchois en deux.
Mettre le tout dans un saladier, ajouter les olives noires, verser la sauce et mélanger délicatement pour ne pas écraser la feta et les anchois.
Placer au réfrigérateur pendant au moins 30 minutes et servir frais.

DILL POTATO SALAD

Cette salade de pommes de terre est l'accompagnement parfait de vos sandwichs à la viande.

POUR 6 PERSONNES
Préparation : 20 minutes
Cuisson : 10 minutes
Réfrigération : 1 heure

INGRÉDIENTS
700 g de pommes de terre pelées et coupées en cubes (600 g de pommes de terre une fois épluchées et coupées)
50 g d'oignon rouge émincé finement

SAUCE
40 g de sucre en poudre
2 pincées de sel
2 tours de moulin à poivre
1 gousse d'ail émincée
2 cuillères à soupe de vinaigre de riz
60 g de mayonnaise nature (page 264)
60 g de yaourt nature
1,5 cuillère à soupe d'aneth frais finement ciselé

LA GARNITURE
Peler et couper les pommes de terre en dés d'environ 2 cm de côté. Les placer dans une casserole remplie d'eau fraîche. Porter l'eau et les pommes de terre à ébullition, et cuire pendant environ 10 minutes à feu moyen. Tester la cuisson avec un couteau : les dés de pomme de terre doivent être très légèrement fermes. Égoutter et rincer à l'eau froide. Placer l'oignon rouge finement émincé dans un saladier d'eau froide pour quelques minutes, puis égoutter soigneusement. Disposer les dés de pomme de terre refroidis et l'oignon rouge dans un saladier.

LA SAUCE
Dans un grand bol, mélanger tous les ingrédients de la sauce sauf l'aneth.

LE DRESSAGE
Incorporer la sauce au mélange de pommes de terre et d'oignon rouge. Ajouter l'aneth finement ciselé et remuer la salade délicatement pour ne pas écraser les pommes de terre. Placer au réfrigérateur et déguster bien frais.

MACARONI SALAD

Les très petits morceaux de crudités font toute la différence.

POUR 5 PERSONNES
Préparation : 20 minutes
Cuisson : 7 minutes
Réfrigération : 30 minutes

INGRÉDIENTS
250 g de coquillettes cuites al dente
½ cuillère à soupe d'huile d'olive
300 g de carotte, 70 g de céleri en branche
12 petits cornichons

SAUCE
300 g de mayonnaise nature (page 264)
3,5 cuillères à soupe de vinaigre de riz
(parfumé à l'estragon de préférence)
1,5 cuillère à soupe de sucre semoule
2 pincées de sel & 2 tours de moulin à poivre
1,5 cuillère à soupe de persil plat haché finement

LA GARNITURE
Cuire al dente les coquillettes dans une grande casserole d'eau salée. Les égoutter et les passer sous l'eau froide. Les arroser d'huile d'olive pour qu'elles ne collent pas. Éplucher les carottes. Retirer la base et les feuilles des branches de céleri. Couper carotte et céleri en julienne au couteau ou au robot. Émincer les cornichons. Mélanger délicatement carottes, céleri, cornichons et coquillettes dans un saladier.

LA SAUCE
Mélanger les ingrédients de la sauce à l'aide d'un fouet. Hacher finement le persil plat. Incorporer la sauce et le persil à la garniture en mélangeant délicatement. Placer au réfrigérateur pendant au moins 30 minutes avant de déguster.

POTATO SALAD ET COLESLAW
Voir page 114 et page 265.

WALDORF SALAD

Cette salade de pomme et de céleri, devenue un classique, a été créée à la fin des années 1890 par Oscar Tschirky, le maître d'hôtel du Waldorf Astoria de New York.

POUR 1 PERSONNE
Préparation : 30 minutes
Cuisson : 10 minutes

INGRÉDIENTS
200 g de céleri-rave épluché
2 pommes granny smith non épluchées mais épépinées (soit environ 300 g)
125 g de noix de pécan
6 cl d'eau
4 cuillères à soupe de sucre en poudre

SAUCE
80 g de mayonnaise au citron (page 264)
95 g de yaourt nature
1 cuillère à café de miel
1 pincée de sel
1 tour de moulin à poivre
2 cuillères à café de ciboulette fraîche hachée

LES LÉGUMES
Placer l'eau, le sucre et les noix de pécan entières dans une casserole, porter à frémissement sur feu moyen et laisser cuire pendant environ 8 à 10 minutes. Le sirop se colore légèrement et, lorsqu'il enrobe bien les noix de pécan, vider le contenu de la casserole sur une grille. Séparer les noix de pécan à l'aide d'une spatule pour ne pas se brûler. Laisser refroidir.
Couper le céleri-rave et les pommes en julienne à l'aide d'un couteau ou d'un robot. Les placer dans un saladier d'eau froide.

LA SAUCE
Dans un saladier, mélanger tous les ingrédients de la sauce sauf la ciboulette.

LE DRESSAGE ET LE SERVICE
Égoutter le céleri-rave et les pommes, et bien les essuyer à l'aide d'un papier ou d'un torchon propre. Les mélanger à la sauce. Ajouter la ciboulette hachée. Placer au réfrigérateur.
Au moment de servir, ajouter les noix de pécan caramélisées.

MetLife

CESAR SALAD

Beaucoup de restaurants étaient fiers de faire cette salade sous les yeux des clients attablés. Aujourd'hui, la préparation à table est rare, mais une bonne sauce maison est toujours un must.

POUR 1 PERSONNE
Préparation : 20 minutes

INGRÉDIENTS
12 feuilles de salade romaine
1 cuillère à soupe de câpres
parmesan (selon votre goût)
6 gros croûtons (page 264)

SAUCE
1 jaune d'œuf
1 cuillère à soupe de jus de citron
1 cuillère à café de moutarde de Dijon
90 g d'huile de tournesol ou de canola
1 cuillère à café de pâte d'anchois (ou la même quantité d'anchois écrasés) ou de sauce Worcestershire
½ cuillère à café de miel d'acacia
3 gousses d'ail écrasées
3 cuillères à soupe de parmesan râpé

LA SAUCE
Tous les ingrédients doivent être à température ambiante pour faciliter l'émulsion. Dans un bol profond, fouetter le jaune d'œuf, le jus de citron et la moutarde jusqu'à ce que le mélange soit homogène. Verser très lentement l'huile en continuant de fouetter. Quand on a une belle émulsion, ajouter les autres ingrédients jusqu'à ce que la sauce soit homogène.

LA SALADE
Laver, sécher et couper la salade. Mélanger doucement la salade et la sauce et transférer le tout dans une assiette de présentation ou dans un bol. Parsemer de croûtons, de câpres et de parmesan.

***astuce :** préparez votre pâte d'anchois à partir d'anchois entiers. Les écraser à la fourchette. Mixer éventuellement la sauce jusqu'à ce qu'elle soit parfaitement homogène.*

BLT (BACON, LETTUCE & TOMATO)

Ce simple sandwich au bacon sera médiocre ou bon selon la qualité de ses ingrédients. Les assembler est d'une grande simplicité.

POUR 1 SANDWICH

Préparation : 10 minutes
Cuisson : 15 minutes

INGRÉDIENTS

2 tranches de pain
1 cuillère à soupe de beurre doux
2 cuillères à soupe de mayonnaise (page 264)
2 ou 3 feuilles de salade
3 ou 4 tranches de bacon fumé
2 ou 3 rondelles de tomate
sel et poivre

LE PAIN

Faire griller le bacon à la poêle (voir page 88). Pendant la cuisson du bacon, griller et beurrer les tranches de pain, puis les tartiner de mayonnaise. Assaisonner de sel et de poivre.

LA GARNITURE

Empiler la salade, la tomate et le bacon sur une des deux tranches, et fermer le sandwich avec l'autre tranche. Planter un cure-dents à travers le sandwich pour qu'il tienne mieux, puis le couper en deux.

***astuce :** le timing est important. Dans l'idéal, il faut que le toast et le bacon soient encore chauds quand vous servez le sandwich. Un BLT qui a trop attendu sera toujours agréable à manger, mais pas aussi excellent que celui qui vient juste d'être préparé et qui est encore chaud.*

GRILLED CHEESE SANDWICH

Dans ce sandwich au fromage grillé, la qualité des ingrédients que vous utiliserez sera bien sûr déterminante.

POUR 1 SANDWICH
Préparation : 5 minutes
Cuisson : environ 5 minutes

INGRÉDIENTS
2 tranches de pain de mie
50 à 75 g de tranches de fromage (le cheddar est le choix le plus traditionnel, mais n'importe quel bon fromage – comme le comté, le cantal ou l'emmental – fonctionnera très bien)
1 à 3 cuillères à soupe de beurre doux

Faire chauffer une poêle à feu moyen. Étaler généreusement le beurre sur une des tranches de pain et mettre la tranche dans la poêle, côté beurré contre le fond. Mettre les tranches de fromage sur le pain. Tartiner généreusement de beurre l'autre tranche de pain et fermer le sandwich avec cette deuxième tranche, côté beurré sur le dessus. Au bout de 2 minutes, quand la tranche du dessous est bien grillée, glisser une large spatule dessous et, en attrapant le sandwich avec la main libre, le retourner. Poursuivre la cuisson jusqu'à ce que le second côté soit bien grillé et que le fromage commence à couler. Si le pain paraît cuit avant que le fromage ne commence à déborder, c'est que le feu est trop fort.

***note :** il y a d'innombrables versions de sandwichs tout simples au fromage grillé. En plus de mélanger différentes sortes de pains et de fromages, on ajoute souvent dans le sandwich de la mayonnaise, du jambon, de la tomate ou de la salade de thon. Lorsqu'on ajoute de la salade de thon, on l'appelle « tuna melt » c'est-à-dire « thon fondu » (voir la recette page suivante).*

TUNA MELT

Un grilled cheese sandwich avec une garniture de salade de thon. Voici la recette de la salade de thon.

POUR 2 SANDWICHS CLUB
Préparation : 15 minutes
Cuisson : 8 minutes

SALADE DE THON
200 g de thon en boîte (égoutté)
3 cuillères à soupe d'huile d'olive
2 cuillères à café de jus de citron
1 cuillère à soupe de miel d'acacia (facultatif)
2 cuillères à café de moutarde de Dijon
75 g de céleri finement haché
20 g d'oignon finement haché
4 cuillères à soupe de mayonnaise
sel et poivre selon le goût

SANDWICHS
6 tanches de pain de mie
150 g de tranches de fromage
5 cuillères à soupe de beurre doux

LA SALADE DE THON
Mélanger tous les ingrédients à l'aide d'une fourchette jusqu'à ce que la consistance soit onctueuse. Égoutter ensuite la salade dans une large passoire pour retirer l'excédent de liquide.

L'ASSEMBLAGE
Beurrer les tranches de pain (le côté beurré sera le côté grillé). Faire griller dans une poêle une des tranches, côté beurré contre le fond de la poêle, avec le fromage par-dessus. Réserver : ce sera la tranche du milieu du sandwhich. Sur une deuxième tranche de pain, déposer du fromage sur le côté non beurré, puis de la salade de thon et encore du fromage. Déposer par-dessus la tranche du milieu déjà grillée, puis ajouter de la salade de thon, du fromage et enfin la dernière tranche de pain, côté beurré à l'extérieur. Faire griller le sandwich 3 à 4 minutes de chaque côté, à feu très doux. Couper le sandwich en diagonale, puis procéder de la même manière pour le second sandwich.

LES FRITES
Voir page suivante.

FRENCH FRIES

La méthode des deux bains de friture est la clé pour préparer des frites parfaites.

POUR 1 KG DE POMMES DE TERRE

Préparation : 10 minutes
Cuisson : 5 minutes
Repos : 1 h 30

INGRÉDIENTS

1 kg de pommes de terre à chair farineuse, telles que la bintje, la marabel ou la manon (compter environ 120 g par portion)
huile de friture (comme de l'huile de pépins de raisin ou un mélange spécial friture sans huile hydrogénée)

LA DÉCOUPE

Peler les pommes de terre à l'aide d'une mandoline, d'un couteau, ou de tout autre outil de son choix, puis les couper en quartiers longs et uniformes. Les laisser tremper dans l'eau froide pendant 1 heure pour enlever l'amidon de surface, ce qui permettra aux frites de ne pas trop noircir durant la cuisson. Égoutter et essuyer les pommes de terre.

LA FRITURE

Dans une friteuse ou une grande casserole, préchauffer l'huile jusqu'à atteindre les 160 °C. Faire frire les pommes de terre 2 à 3 minutes jusqu'à ce qu'elles se courbent mais qu'elles soient encore assez pâles. Les laisser refroidir à température ambiante. Augmenter alors la température de l'huile à 190 °C et faire frire à nouveau les pommes de terre pour 2 à 3 minutes supplémentaires, jusqu'à ce qu'elles soient bien dorées. Les frites pas assez cuites seront trop molles car trop peu d'eau se sera évaporée. Les frites trop cuites seront trop grasses car elles auront absorbé trop d'huile. Réussir à les cuire parfaitement demande de l'entraînement.

LE SERVICE

Égoutter les frites sur du papier absorbant. Si on ne les sert pas tout de suite ou si on les cuit en plusieurs fois, les garder dans un four préchauffé à 100 °C. Saler avant de servir.

The New York Times
Late Edition
"All the News That's Fit to Print"
Medicare Project Criticized
Tuning the Met's 'Ring'
Fresh Eyes on a 1979 Case

LATKES

Croustillants à l'extérieur, moelleux au centre, ces « pancakes » de pommes de terre ashkénazes sont un autre apport délicieux à la glorieuse tradition new-yorkaise des fritures de pommes de terre.

POUR 12 LATKES

Préparation : 15 minutes
Cuisson : 25 minutes

INGRÉDIENTS

1 kg de pommes de terre à chair farineuse
2 cuillères à soupe de sel pour faire suer les pommes de terre
1 gros oignon jaune (finement émincé)
3 œufs battus
50 g environ de chapelure de pain azyme ou de fécule de pomme de terre (en ajouter si nécessaire)
sel et poivre
huile de cuisson (assez pour avoir une épaisseur de 1,5 cm dans le récipient de cuisson)

LES POMMES DE TERRE

Peler et râper la moitié des pommes de terre (500 g), ajouter le sel, couvrir avec de l'eau froide et laisser reposer.
Peler l'autre moitié des pommes de terre et les couper en petits morceaux de même taille. Les mettre dans une casserole d'eau froide. Porter à ébullition, puis baisser le feu et laisser mijoter pendant environ 15 minutes, jusqu'à ce qu'elles soient tendres. Les égoutter, les laisser refroidir et les écraser à la fourchette ou avec un presse-purée.

LA CUISSON DES LATKES

Chauffer l'huile dans une poêle à frire profonde sur feu moyen. Essorer les pommes de terre râpées pour en extraire un maximum d'eau et leur ajouter les pommes de terre écrasées ainsi que les œufs battus. Ajouter la chapelure de pain azyme ou la fécule de pomme de terre pour épaissir le mélange, de façon que les galettes ne soient pas trop humides quand on les met dans l'huile. Tester l'huile avec un peu de la préparation. Elle doit commencer à grésiller, mais pas au point que ça brûle immédiatement. Former des galettes entre les paumes des mains et les déposer dans l'huile. Au bout d'une minute, aplatir un peu les galettes avec le dos de la spatule. Après environ 5 minutes, les retourner et poursuivre la cuisson de l'autre côté pour à peu près 5 minutes de plus. Si le dessous des galettes cuit trop lentement ou trop rapidement, ajuster le feu en conséquence. Saler et poivrer.

LE SERVICE

Égoutter les galettes sur du papier absorbant. Si on ne les sert pas immédiatement ou si on les cuit en plusieurs fournées, garder les latkes chaudes dans un four préchauffé à 100 °C. Servir accompagné de compote de pommes et/ou de crème fraîche.

***note :** libre à vous de remplacer les pommes de terre par d'autres racines, telles que la patate douce ou le céleri-rave.*

PIEROGIS

Les pierogis, des raviolis de pommes de terre sautés, sont une des choses que j'adore manger dans les restaurants polonais ou ukrainiens, comme le Stage Restaurant, dans le sud-est de Manhattan.

POUR 25 PIEROGIS
Préparation : 1 heure
Cuisson : 50 à 55 minutes
Repos : 1 heure

PÂTE (POUR 50 PIEROGIS)
500 g de farine T65 ou T55
1 cuillère à café de sel
1 cuillère à soupe d'huile de tournesol
1 œuf
25 cl d'eau

FARCE (POUR 25 PIEROGIS)
375 g de pommes de terre épluchées
1 oignon jaune finement émincé
2 cuillères à soupe d'huile de cuisson
sel et poivre (selon le goût)

GARNITURE
2 oignons jaunes émincés grossièrement
4 cuillères à soupe d'huile de cuisson

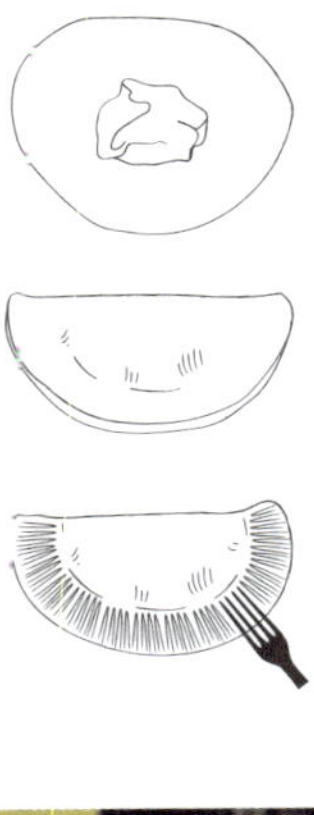

LA PÂTE
Mixer tous les ingrédients ensemble et pétrir jusqu'à ce que la pâte soit très élastique (5 à 10 minutes au robot, 10 à 20 minutes à la main). Former une boule lisse. La placer dans un récipient huilé et couvrir de film alimentaire. La laisser reposer 1 heure à température ambiante. Diviser en deux portions de façon que chacune soit suffisamment grande pour faire 25 pierogis. Les portions de pâte non utilisées peuvent être emballées dans du film alimentaire et congelées.

LA FARCE
Peler et couper les pommes de terre en petits morceaux de même taille. Les placer dans une cocotte remplie d'eau froide. Porter à ébullition, puis baisser le feu et laisser mijoter pendant 15 minutes jusqu'à ce qu'elles soient tendres. Les égoutter. Pendant ce temps, faire sauter l'oignon émincé dans l'huile à feu moyen pendant 5 à 10 minutes jusqu'à ce qu'il soit tendre et légèrement grillé. Écraser les pommes de terre et l'oignon dans l'huile de ce dernier avec une fourchette. Saler et poivrer.

LE FAÇONNAGE ET LA CUISSON
Diviser une portion de pâte en 25 boules et les étaler en rondelles d'une épaisseur de 4 mm. Former des boules de farce avec 1 cuillère à soupe et disposer chaque boule dans une coque de pâte. Rabattre la pâte et pincer les bords pour les fermer (voir l'illustration). Cuire les pierogis pendant environ 5 minutes dans de l'eau bouillante. Verser un peu d'huile dans l'eau et remuer afin d'empêcher les pierogis de coller entre eux. Les égoutter, puis les faire frire dans une poêle remplie d'environ 1 cm de beurre ou d'huile de cuisson, jusqu'à ce qu'ils soient croustillants et dorés de tous les côtés.

LA GARNITURE
Faire sauter les oignons dans l'huile à feu doux en remuant de temps en temps pendant environ 20 minutes, jusqu'à ce qu'ils soient translucides. Poursuivre la cuisson sur feu moyen, en continuant à remuer, pour 5 à 10 minutes supplémentaires, jusqu'à ce qu'ils soient bruns et légèrement grillés (mais pas brûlés). Les étaler sur les pierogis sautés et chauds, et servir avec de la crème fraîche ou une compote de pommes sur le côté.

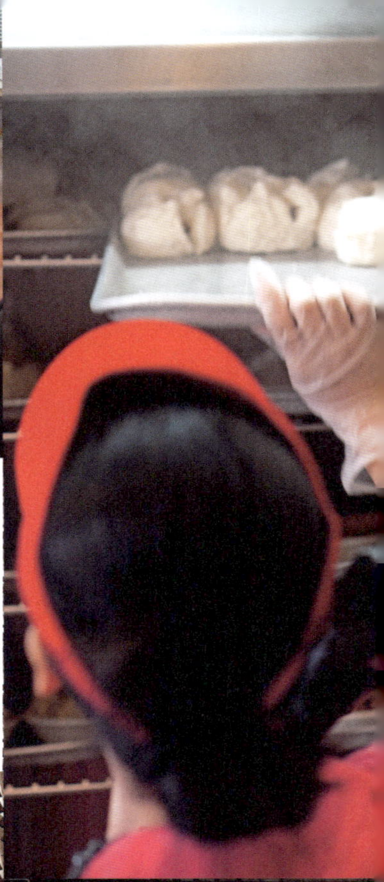

CHINATOWN

Un monde qui dit tout à lui tout seul : restaurants chinois traditionnels du Sichuan et de Canton, restaurants vietnamiens, restaurants malaisiens, restaurants de canard pékinois, marchés aux poissons, coffee shops, buffets de dim sum, cafés de « bubble tea », commerces de crèmes glacées et plus encore…

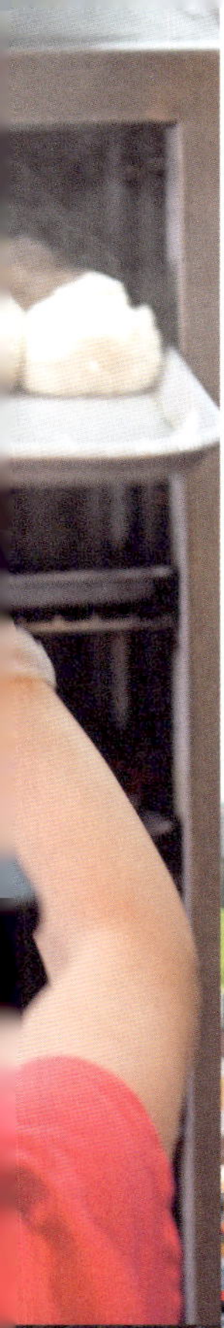

PARK
合記飯店
21
新和合飯店
WO HOP
ONE WAY
MOSCO
STOP
TRANS
PIZZA

PORK BUNS

Voici l'exemple d'un mariage mixte typiquement new-yorkais : ce célèbre plat de fast-food peut être réinventé en combinant la recette basique du challah pour la pâte avec une échine de porc (qui n'est pas particulièrement kasher) marinée dans une sauce char siu sans glutamate ni colorant.

POUR 15 BUNS

Préparation 15 minutes
Cuisson : 55 minutes
Marinade : 12 à 24 heures
Repos : 1 heure

INGRÉDIENTS

1 portion de pâte à challah (page 14)
750 g d'échine de porc
2 pincées de Maïzena*

MARINADE CHAR SIU

30 g de beurre de cacahuètes (page 263)
12,5 cl de sauce soja
225 g de miel d'acacia ou de sirop de sucre de canne
2 gousses d'ail (écrasées)
2 cuillères à café de vinaigre de riz
3 cuillères à soupe de vin de riz ou mei kuei lu chiew
1,5 cuillère à café de quatre-épices
2 pincées de bicarbonate de soude

LA MARINADE

Dans un bol, préparer une pâte en mélangeant le beurre de cacahuètes et le même volume de sauce soja. Ajouter progressivement le reste de la sauce soja. Incorporer les ingrédients restants du char siu, en terminant par le bicarbonate de soude. Pour un chausson plus juteux, mettre de côté 2 ou 3 cuillères à soupe de sauce avant l'ajout du bicarbonate ; enrober le porc de cette sauce après l'avoir cuit et coupé, et avant qu'il ne soit enveloppé dans le chausson.

LA VIANDE

Ôter tout excès de gras du porc et faire de grandes incisions à 2 cm d'intervalle. Napper le porc de marinade dans un sac de congélation. Fermer le sac, en laissant échapper autant d'air que possible et le placer au réfrigérateur. Le porc doit être complètement recouvert de sauce. Laisser mariner de 12 à 24 heures.

Préchauffer le four à 225 °C (chaleur tournante). Cuire sur un gril de 45 à 55 minutes, jusqu'à ce que la température interne atteigne un minimum de 62 °C. Couper la viande en petits morceaux et laisser refroidir. Saupoudrer la viande de 2 pincées de Maïzena* puis, si vous avez mis de côté de la sauce char siu sans bicarbonate de soude, l'ajouter aussi à la viande.

LA FAÇONNAGE ET LA CUISSON

Préparer la pâte à challah en suivant la recette de la page 14 jusqu'à la première levée. Diviser la pâte en 15 parts égales.

Faire un trou au milieu de chaque portion de pâte, mettre environ 40 g de porc rôti dans le puits et pincer la pâte pour la fermer autour de la viande. Mettre les chaussons fermés sur une plaque de cuisson couverte de papier sulfurisé. Saupoudrer de farine et couvrir avec du film alimentaire. Laisser les chaussons lever pendant 1 heure à température ambiante.

Préchauffer le four à 180 °C. Dorer le dessus des chaussons avec le glaçage composé de blancs d'œuf et de sucre de la recette du challah. Cuire de 15 à 20 minutes, jusqu'à ce qu'ils soient bien dorés.

SESAME NOODLES

Quand j'étais enfant, je commandais toujours ces nouilles sucré-salé au restaurant chinois « take away ».

POUR 3 PERSONNES
Préparation : 15 minutes
Cuisson : en fonction du type de nouilles

INGRÉDIENTS
environ 800 g de nouilles chinoises fraîches aux œufs (ou 400 g si elles sont sèches)
50 g de tahin (pâte de sésame)
50 g d'huile de sésame
50 g de beurre de cacahuètes (page 263)
4 cuillères à café de vinaigre de riz
1 à 3 cuillères à soupe de sucre (selon le goût)
2 cuillères à soupe de sauce soja
13 cl d'eau
18 g de gousses d'ail
18 g de gingembre frais pelé
100 g de concombre ou de cornichons coupé(s) en rondelles
1 ou 2 cuillères à soupe de graines de sésame grillées

LES NOUILLES
Cuire les nouilles en suivant les instructions du paquet. Quand elles sont cuites, les plonger dans de l'eau froide.

LA SAUCE
Écraser l'ail avec un presse-ail ou l'émincer au couteau ; faire de même avec le gingembre. Broyer les deux avec le sucre dans un mortier avec un pilon ou les mettre avec l'eau dans un mixeur ou un robot ménager. Le but est de broyer l'ail et le gingembre aussi finement que possible. Ajouter les autres ingrédients de la sauce en fouettant avec un fouet ou une fourchette jusqu'à ce que le mélange soit homogène. Verser la sauce sur les nouilles progressivement, tout en remuant doucement pour ne pas les écraser.

LE SERVICE
Servir froid, accompagné des rondelles de concombre ou de cornichon et d'une pincée de graines de sésame grillées.

L'ANANAS ÉPICÉ
Voir « fast pickles » page 240.

***astuce :** si vous avez des graines de sésame crues, vous pouvez les étaler sur une couche dans une poêle à feu moyen et les faire cuire, en secouant la poêle de temps en temps, pendant 3 minutes, jusqu'à ce qu'elles soient uniformément grillées.*

BAXTER STREET

Ma collègue Ngan Tran, qui a grandi dans des restaurants vietnamiens dans le sud de la France, a eu la gentillesse de partager avec moi deux recettes familiales de plats que j'avais l'habitude de manger à Chinatown.

MARMITE DE SAUMON
POUR 4 PERSONNES

Préparation : 15 minutes
Cuisson : 25 minutes
Repos : 2 heures à 1 nuit

INGRÉDIENTS

6 cuillères à soupe de sauce de poisson
3 cuillères à soupe de sauce de soja noir aux champignons
2 cuillères à soupe de sucre
2 gousses d'ail
4 darnes de saumon
4 beaux morceaux d'ananas frais
4 feuilles de coriandre
sel et poivre
huile

SALADE DE PAPAYE VERTE
POUR 4 PERSONNES

Préparation : 15 minutes
Cuisson : 5 minutes

INGRÉDIENTS

1 papaye verte
2 carottes
½ botte de menthe
½ botte de coriandre
3 cuillères à soupe de cacahuètes grillées hachées
2 gousses d'ail
1 + ½ citron vert pressé
5 cuillères à soupe de sauce de poisson
1 cuillère à soupe de sucre de canne
1 cuillère à café de sel
1 piment ciselé (facultatif)
du gingembre frais haché
3 cuillères à soupe d'huile de tournesol

MARMITE DE SAUMON

LA MARINADE

Préparer la marinade la veille ou, au moins, 2 heures avant la cuisson. Dans un saladier, disposer les darnes et verser 4 cuillères à soupe de sauce de poisson, 1 cuillère à soupe de sauce de soja noir, 1 cuillère à soupe de sucre et 1 gousse d'ail écrasée. Mélanger délicatement, filmer et laisser reposer.

LA CUISSON

Dans une marmite ou une casserole, disposer sur un filet d'huile les darnes, l'ananas et 1 gousse d'ail écrasée. Ajouter 2 cuillères à soupe de sauce de poisson, 2 cuillères à soupe de sauce de soja noir, 1 cuillère à soupe de sucre et du sel. Couvrir d'eau et amener à ébullition. Ajuster l'assaisonnement (la sauce doit être salée et sucrée à la fois), puis retourner délicatement les darnes. Laisser mijoter à couvert sur feu doux pendant 20 à 25 minutes. Il ne doit rester qu'un fond de sauce caramélisée ; si ce n'est pas le cas, continuer à laisser réduire quelques minutes.

LE SERVICE

Décorer de coriandre, poivrer généreusement et servir avec du riz blanc accompagné d'une salade ou d'un bouillon.

SALADE DE PAPAYE VERTE

LA GARNITURE

Râper la papaye verte et les carottes dans un saladier. Ciseler la menthe et la coriandre, et les mélanger à la salade.

LA SAUCE

Dans une petite casserole, chauffer l'huile à feu doux et faire frire les gousses d'ail, préalablement ciselées et hachées. Une fois dorées, les laisser refroidir dans l'huile. Préparer la sauce en mélangeant le jus de citron vert, la sauce de poisson, le sucre, le sel et le piment. Ajouter l'huile d'ail grillé et le gingembre. Arroser la garniture de sauce au moment de servir et saupoudrer de cacahuètes hachées.

ROAST CHICKEN

Pour réussir à la maison un poulet croustillant et juteux comme ceux qu'on trouve dans les rôtisseries du nord-ouest de Manhattan, j'utilise deux techniques : je fais mariner le poulet dans une saumure d'eau salée, puis je le cuis lentement.

POUR UN POULET DE 1,5 A 2 KG

Préparation : 15 minutes
Cuisson : 2 h à 2 h 30
Repos : au moins 5 heures

SAUMURE

3,6 l d'eau
500 g de sel non iodé
300 g de sucre
2 cuillères à café de graines de moutarde
1 cuillère à café de grains de poivre
2 citrons (en quartiers)

POMMADE

4 cuillères à soupe de beurre ou d'huile d'olive
3 cuillères à soupe de miel d'acacia ou de sirop d'érable (facultatif)
1 à 2 cuillères à café de piment de Cayenne
1 à 2 cuillères à café de cumin
2 cuillères à café de sel
3 pincées de poivre moulu

LA MARINADE ET LE SÉCHAGE

Mélanger ensemble tous les ingrédients de la saumure, à l'exception des quartiers de citron, dans une grande cocotte et faire chauffer pour dissoudre le sel et le sucre.
Laisser refroidir à température ambiante. Comme cela prend du temps à refroidir, faire cette opération la veille ou remplacer 50 cl d'eau par de la glace, ajoutée une fois que tout est dissous pour faire baisser rapidement la température.
Dans une grande casserole ou un seau, immerger le poulet dans la saumure avec les quartiers de citron. Couvrir et placer au réfrigérateur pendant au moins 2 heures par kilogramme mais pas plus de 12 heures. Rincer, sécher en tapotant avec un papier absorbant, puis laisser reposer à nouveau au réfrigérateur de 2 à 12 heures, sur une grille à découvert. Le laisser sécher à l'air de cette façon rendra le poulet plus croustillant.

LA POMMADE ET LA CUISSON

Préchauffer le four à 120 °C. Battre ensemble tous les ingrédients de la pommade et l'étaler sur la totalité du volatile et à l'intérieur de la cavité. Placer le poulet sur le dos sur une grille de cuisson en V (voir photo). Cuire pendant 1 h 30. Retourner le poulet et le remettre au four pour 1 h à 1 h 30 supplémentaire, jusqu'à ce que le jus qui coule soit clair lorsque vous piquez le poulet ou qu'un thermomètre à viande planté dans la partie la plus profonde de la cuisse atteigne au moins les 75 °C.

MATZA BALL SOUP

Les boulettes de pain azyme sont vraiment l'attraction phare de cette recette, mais vous pouvez la préparer sans ; il s'agira dans ce cas d'une classique soupe de poulet (ce qu'on appelle la « pénicilline juive »).

POUR 5 PERSONNES
Préparation : 30 minutes
Cuisson : 50 minutes
Réfrigération : 3 heures

BOULETTES
150 g de chapelure de pain azyme
2 pincées de bicarbonate de soude
1 cuillère à café de cannelle (facultatif)
4 jaunes d'œuf
4 cuillères à soupe d'huile d'olive
4 cuillères à soupe d'eau
1 cuillère à café de persil émincé
4 blancs d'œuf
½ cuillère à café de sel

BASE
1 carotte coupée en dés
1 panais coupé en dés
1 oignon jaune finement émincé
4 gousses d'ail écrasées
1 cuillère à café de thym séché
2 cuillères à soupe d'huile d'olive
2 l de bouillon de poulet (page 265)
100 g de nouilles sèches aux œufs
une dizaine de petits morceaux de poulet (restes de poulet rôti, par exemple, voir page précédente)
sel et poivre

LES BOULETTES
Mélanger ensemble la chapelure de pain azyme, le bicarbonate de soude et la cannelle. Battre les jaunes, l'huile, l'eau et le persil. Amalgamer les deux préparations.
Monter les blancs d'œuf en neige ferme avec le sel jusqu'à ce que se forment des becs d'oiseau. Incorporer délicatement les blancs d'œuf montés au mélange précédent et réserver au réfrigérateur pendant au moins 3 heures.
Avec des mains huilées, rouler la pâte en boulettes de la taille d'une balle de ping-pong.

LA BASE
Faire sauter les légumes et le thym sur feu moyen pendant environ 5 minutes, jusqu'à ce que les oignons soient translucides. Ajouter alors le bouillon de poulet. Porter à ébullition, puis baisser le feu et laisser mijoter. Ajouter le sel et le poivre selon le goût. Ajouter les boulettes de pain azyme 30 minutes avant de servir, les nouilles sèches aux œufs, 10 minutes avant de servir, et les morceaux de poulet, 5 minutes avant de servir. Afin de réduire le temps de cuisson total, les boulettes de pain azyme peuvent aussi être précuites séparément dans de l'eau salée puis ajoutées à la soupe avec le poulet juste avant de servir.

SOUPS
3.50 Matzo Ball
3.50 Borscht
3.50
Vegetarian Vegetable (Tuesday, Thursday &
2 Eggs
with Ham, Bacon or Sausage
2 Eggs & Cheese
with Ham, Bacon or Sausage
Western Omelet
The LEO Lox, Eggs & Onions
Peanut Butter & Jelly
Peanut Butter & Bacon
Cream Cheese & Chopped Olives
Cheese Sandwich
SANDWICHES
4.00
5.00
4.50
5.50
6.50
7.50

MUSHROOM BARLEY SOUP

La joue de bœuf cuite très lentement est le secret de cette soupe aux champignons et au blé.

POUR 8 PERSONNES
Préparation : 25 minutes
Cuisson : environ 4 heures

BOUILLON ET VIANDE
250 g de joue de bœuf coupée en gros cubes
50 g de céleri en branche coupé grossièrement
50 g de carotte coupée grossièrement
1 oignon coupé grossièrement
4 gousses d'ail
2 cuillères à soupe d'huile d'olive
10 cl de vin blanc
2 cuillères à café de sel
3 l d'eau

AUTRES INGRÉDIENTS
150 g de blé
500 g de champignons émincés finement
1 oignon émincé
200 g de mélange de céleri, de carotte et de panais coupés en dés
2 feuilles de laurier
1 branche de thym
2 l de bouillon de bœuf
3 cuillères à soupe de vin blanc
25 g de Maïzena® (quantité à ajuster selon le mélange)
sel et poivre
persil

LE BOUILLON ET LA VIANDE
Dans une marmite sur feu moyen, faire sauter l'oignon dans l'huile d'olive jusqu'à ce qu'il soit translucide. Ajouter le céleri et les carottes, et poursuivre la cuisson 5 minutes. Ajouter la joue et continuer de cuire pendant 5 minutes, en remuant jusqu'à ce que tous les côtés soient colorés. Ajouter l'ail et poursuivre la cuisson 2 minutes. Ajouter le vin blanc et continuer la cuisson quelques minutes, puis ajouter le sel et l'eau. Porter à ébullition, baisser le feu et cuire à feu doux pendant 2 h 30, en retirant et en jetant toute l'écume venant à la surface. Retirer la viande et la laisser de côté afin de l'ajouter à la soupe plus tard. Passer le reste dans une passoire au-dessus d'une soupière ou d'une casserole. Vous devez obtenir un peu plus de 2 litres de bouillon, que vous pouvez mettre de côté. Si le bouillon a réduit au point qu'il en reste moins de 2 litres, l'allonger en ajoutant plus d'eau.

LA SOUPE
Rincer le blé et le cuire dans l'eau bouillante (au moins 3 fois le volume du blé), comme vous le feriez pour des pâtes, pendant environ 45 minutes, jusqu'à ce qu'il soit tendre. Égoutter le blé et réserver.
Couper la viande en petits morceaux et mettre de côté.
Elle doit être très tendre et va peut-être se désintégrer ou s'effilocher lorsqu'elle sera ajoutée à la soupe.
Dans une marmite, faire sauter les champignons dans l'huile d'olive pendant quelques minutes, puis ajouter l'oignon, le céleri, les carottes, le panais, les feuilles de laurier et le thym. Baisser à feu moyen et poursuivre la cuisson pendant 5 minutes en remuant. Ajouter le bouillon et de l'eau si nécessaire. Porter à ébullition, puis baisser le feu et laisser mijoter. Cuire pendant 20 minutes ou jusqu'à ce que les légumes soient tendres. Mélanger le vin blanc et la Maïzena®, et ajouter à la soupe pour l'épaissir un peu. Assaisonner selon le goût.

LE SERVICE
Ajouter la viande et le blé à la soupe frémissante 5 minutes avant de la servir, garnie de persil émincé.

SOUPE DE POIS CASSÉS

Par un jour d'hiver froid, un bol de soupe de pois cassés onctueuse surmontée de quelques croûtons est un rendez-vous à ne pas manquer.

POUR 5 BOLS
Préparation : 25 minutes
Cuisson : 1 h 30
Repos : 1 nuit

INGRÉDIENTS
500 g de pois cassés secs
2 cuillères à soupe d'huile de cuisson
1 oignon émincé grossièrement
100 g de carottes émincées grossièrement
50 g de céleri en branche émincé grossièrement
3 gousses d'ail
1 cuillère à café de paprika fumé
1 cuillère à café de cumin
1 botte de coriandre fraîche (les tiges)
3 cuillères à café de sucre
1,5 l d'eau pour la cuisson
2 cuillères à café de vinaigre de cidre
2 cuillères à soupe d'huile d'olive
1 cuillère à café de sel
½ cuillère à café de poivre noir (selon le goût)

GARNITURE
les feuilles d'une botte de coriandre émincées finement
5 cuillères à soupe de yaourt ou de crème fraîche (facultatif)
une vingtaine de croûtons (page 264)

LES POIS CASSÉS
Faire tremper les pois cassés dans l'eau froide toute la nuit. Jeter l'eau et rincer. Bien que beaucoup de recettes indiquent que cette opération n'est pas nécessaire pour les pois cassés, je trouve que les faire tremper permet d'obtenir une soupe moins farineuse qui est aussi plus facile à préparer dans la mesure où elle accroche moins à la casserole et cuit plus vite. Il est bien sûr possible de sauter cette étape, mais il faut au moins rincer les pois cassés.

LA CUISSON
Chauffer l'huile dans une marmite sur feu moyen. Faire revenir l'oignon, les carottes, le céleri et l'ail, et cuire environ 5 minutes. Ajouter les épices et les tiges de coriandre, puis poursuivre la cuisson 5 minutes, en remuant régulièrement.
Verser les pois rincés et couvrir avec les trois quarts de l'eau environ. Porter à ébullition et baisser le feu. Laisser mijoter pendant 1 h 30 ou davantage, jusqu'à ce que les pois soient tendres et qu'ils se désintègrent naturellement en purée. Écumer et jeter toute la mousse qui se forme sur le dessus au fur et à mesure. Vérifier régulièrement que les pois ne collent pas au fond de la marmite ; si ça commence à accrocher, éteindre le feu. Après quelques minutes, la couche collée (en espérant qu'elle ne soit pas brûlée) devrait se décoller facilement avec une spatule, et l'on peut alors reprendre la cuisson en faisant mijoter.
Mixer la soupe jusqu'à ce qu'elle soit onctueuse. Ajouter l'eau restante et même davantage si nécessaire pour obtenir la consistance souhaitée. Ajouter le vinaigre, l'huile, le sucre, le sel et le poivre.

LA GARNITURE
Parsemer de coriandre, déposer 1 cuillère à soupe de yaourt ou de crème fraîche dans chaque bol, puis ajouter quelques croûtons.

LE CORN BREAD
Voir page suivante.

Crystal
HOT
SAUCE

CORN BREAD

Ce pain de maïs du sud des États-Unis se déguste habituellement avec de la nourriture salée, mais il est aussi délicieux avec un peu de beurre et de confiture ou du miel.

POUR 16 PARTS (UN MOULE CARRÉ DE 24 CM DE CÔTÉ)
Préparation : 10 minutes
Cuisson : environ 45 minutes

INGRÉDIENTS SECS
200 g de farine
200 g de farine de maïs
1,5 cuillère à café de levure chimique
2 pincées de bicarbonate de soude
½ cuillère à café de sel

INGRÉDIENTS LIQUIDES
40 cl de lait fermenté
75 g de beurre fondu
2 œufs

AUTRES INGRÉDIENTS
175 g de pain de maïs
1/3 petit piment vert (facultatif)
un peu de beurre et de sucre pour le moule

LA PÂTE
Préchauffer le four à 190 °C. Beurrer le moule et le saupoudrer de sucre. Mélanger tous les ingrédients secs. Battre ensuite tous les ingrédients liquides. Amalgamer les deux préparations sans trop travailler la pâte.

LA CUISSON
Verser la pâte dans le moule et enfourner pour 45 minutes environ, jusqu'à ce qu'un cure-dents planté au centre de la préparation en ressorte sec et propre.

***note :** attention à ne pas confondre la farine de maïs avec la semoule de maïs ou avec la fécule de maïs (par exemple, Maïzena®) qui, pour ajouter à la confusion, est appelé « corn starch » (amidon de maïs) aux États-Unis mais est aussi appelée « corn flour » (farine de maïs) au Royaume-Uni.*

MAC&CHEESE

Nourrissez les enfants (ou l'enfant qui sommeille en vous). De toute façon, on n'est jamais déçu par le gratin de macaronis au fromage.

POUR 5 PERSONNES
Préparation : 20 minutes
Cuisson : environ 40 minutes

INGRÉDIENTS
500 g de macaronis crus

SAUCE AU FROMAGE
50 g de beurre
2 cuillères à soupe de farine
40 cl de lait concentré
1 cuillère à café de moutarde de Dijon
2 cuillères à café de sel
30 cl de lait
300 g de cheddar râpé (ou un fromage similaire, tels le cantal ou le gouda)

GRATIN
150 g de chapelure
50 g de beurre fondu

LES PÂTES
Cuire les pâtes dans de l'eau salée en suivant les instructions du paquet jusqu'à ce qu'elles soient al dente. Rincer à l'eau froide pour stopper la cuisson.

LA SAUCE AU FROMAGE
Faire chauffer le beurre dans une poêle à feu moyen. Après quelques minutes, quand des bulles commencent à se former, ajouter la farine. Remuer sans cesse jusqu'à ce que le mélange se colore en beige. Ajouter le lait concentré en continuant de remuer. Incorporer, toujours en remuant, la moutarde et le sel, et laisser cuire encore 5 minutes pour obtenir une préparation onctueuse et épaisse. Ajouter le lait et le fromage et remuer jusqu'à ce que le fromage soit fondu. Éteindre le feu et ajouter les macaronis dans la sauce.

LE GRATIN
Préchauffer le four à 180 °C. Transférer les macaronis au fromage dans un plat à four de taille appropriée. La préparation sera très liquide, mais elle épaissira à la cuisson. Mélanger la chapelure et le beurre fondu, et répartir sur la surface. Laisser cuire pendant 30 minutes.

***astuce :** pour une version plus fromagère, réduire la quantité de pâtes de 20 à 25 %.*

NOODLE KUGLE
Voir page suivante.

NOODLE KUGLE

Dans ma famille, nous aimons manger ce pudding de nouilles chaud avec du poulet rôti, mais il est aussi délicieux froid le lendemain en plat principal.

POUR 10 PERSONNES
Préparation : 15 minutes
Cuisson : environ 1 heure

BASE
250 g de nouilles aux œufs
6 œufs battus
4,5 cl d'huile de tournesol
325 g de compote de rhubarbe
100 g de sucre brun (ou 95 g de sucre + 5 g de mélasse)
75 g de raisins secs
1 cuillère à soupe de cannelle en poudre
½ cuillère à café de sel

GARNITURE
150 g de pomme granny (coupée en petits dés)
1 cuillère à soupe de cassonade

LES NOUILLES
Préchauffer le four à 180 °C. Faire cuire les nouilles dans de l'eau bouillante salée en suivant les instructions du paquet jusqu'à ce qu'elles soient al dente.

LA BASE ET LA CUISSON
Mélanger tous les ingrédients de la base ensemble et transférer le mélange dans un grand plat à four chemisé de papier cuisson. Répartir les dés de pomme sur les nouilles et saupoudrer la surface de cassonade. Couvrir de papier d'aluminium et enfourner pour environ 45 minutes. Retirer la feuille de papier d'aluminium 10 minutes avant la fin de la cuisson.

GREEK OLIVES
2.79
WALDORF SALAD 4.50 ½ LB.
MURRAY'S
NOODLE PUDDING
499
LB.
MURRAY'S
SPINACH AND EGG SALAD

SLOPPY JOE

Un des préférés des enfants, le « sloppy Joe » peut, comme son nom l'indique (littéralement « Joe le débordant ») être une expérience salissante. Tant mieux !

POUR 6 SANDWICHS
Préparation : 25 minutes
Cuisson : environ 50 minutes

INGRÉDIENTS
6 buns à hot-dog (page 102)
500 g de viande maigre hachée (surlonge)
1 oignon moyen finement émincé
3 gousses d'ail écrasées
1 poivron vert épépiné et coupé en dés
35 cl de coulis de tomates
4 cuillères à soupe de ketchup (page 264)
1 cuillère à café de sauce Worcestershire
1 cuillère à soupe de sucre brun
1 cuillère à café de moutarde
12,5 cl d'eau
3 gouttes de Tabasco®
1 cuillère à café de sel & 1 pincée de poivre noir

LA VIANDE
Préchauffer une poêle à frire sur feu moyen. Verser la viande hachée et l'oignon dans la poêle, et laisser cuire 10 minutes en détachant les morceaux avec une spatule. La viande doit être bien grillée et friable. Ajouter l'ail et le poivron vert, et poursuivre la cuisson pendant 3 minutes. Ajouter le coulis de tomates, le ketchup, la sauce Worcestershire, le sucre et la moutarde. Ajouter alors l'eau, le sel, le poivre et le Tabasco®. Quand la sauce commence à bouillir, réduire le feu au minimum de sa puissance et laisser mijoter pendant environ 40 minutes.

LE SANDWICH
Servir chaud dans un pain à hot-dog (ou à hamburger).

LES ONION RINGS
Voir page 265.

KNISH

Ces chaussons de pomme de terre ont été introduits à New York par les immigrants d'Europe de l'Est au début des années 1900.

POUR 7 KNISHES
Préparation : 40 minutes
Cuisson : 1 h 15

PÂTE
190 g de farine T65 ou T55
1 cuillère à café de levure chimique
2 cuillères à soupe d'huile de tournesol
1 œuf
3 cuillères à soupe d'eau
2 pincées de sel

FARCE
320 g de pommes de terre
1 oignon jaune émincé finement
2 cuillères à soupe d'huile de cuisson
1 cuillère à soupe de chapelure de pain azyme (« matza meal ») ou de chapelure classique
3 pincées de sucre
1 œuf battu (en réserver 2 cuillères à café pour le badigeonnage)
sel et poivre

LA FARCE
Peler les pommes de terre et les couper en petits morceaux. Les placer dans une casserole d'eau froide, porter à ébullition, baisser le feu et laisser mijoter pendant 20 minutes, jusqu'à ce qu'elles soient bien tendres. Égoutter. Pendant ce temps, faire sauter dans l'huile l'oignon à feu moyen pendant 5 à 10 minutes, jusqu'à ce qu'il soit tendre et légèrement brun. Écraser les pommes de terre et l'oignon avec l'huile à la fourchette, incorporer l'œuf battu et la chapelure. Saler et poivrer.

LA PÂTE
À l'aide d'un robot ou à la main, mélanger les ingrédients de la pâte jusqu'à obtention d'une préparation homogène.

LE FAÇONNAGE ET LA CUISSON
Préchauffer le four à 180 °C. Sur une surface farinée, abaisser la pâte en lui donnant une forme rectangulaire. Étaler la farce en forme de boudin sur toute la longueur du rectangle, puis rouler la pâte sur le boudin et pincer les deux extrémités du tube pour le fermer.
Avec le côté de la main ou une baguette chinoise, former 7 creux sur la longueur du boudin. Séparer les portions à l'aide d'un couteau.
On obtient 7 disques ouverts des deux côtés. Pincer la pâte avec les doigts pour fermer les deux extrémités du disque : l'une sera la base, l'autre le dessus du knish (il restera un peu ouvert). Placer les portions mises en forme sur la plaque du four recouverte de papier cuisson.
Badigeonner le dessus des knishes avec l'œuf battu et enfourner pour 40 minutes environ, jusqu'à ce qu'ils soient bien dorés.

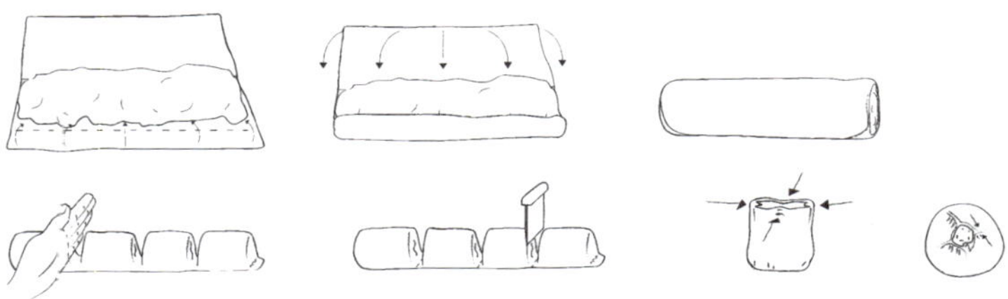

The Original
YONAH SCHIMMEL
KNISHERY
OPEN
GOOD FOOD

CHOU FARCI

Ma grand-mère, Minnie Grossman, préparait cet extraordinaire chou farci sucré-salé. Elle m'a montré une fois comment le préparer, mais rien n'avait été écrit et, depuis des années, j'essaie de retrouver la recette… Celle-ci n'en est pas loin.

POUR 5 PERSONNES
Préparation : 30 minutes
Cuisson : 1 h 45

INGRÉDIENTS
1 chou vert

FARCE
250 g de bœuf haché
250 g de veau haché
50 g de riz thaï cru
½ cuillère à café de sel
1 pincée de poivre en grains
1 œuf battu

SAUCE
20 cl de coulis de tomates
20 cl de jus de cranberry
100 g de sucre brun
100 g de fruits secs
(figues, raisins…)

LE CHOU
Faire cuire le chou entier dans une grosse marmite d'eau pendant environ 15 minutes, jusqu'à ce que les feuilles soient pliables. Égoutter et laisser refroidir. Détacher environ 12 grandes feuilles que l'on utilisera pour les rouleaux de chou. Désépaissir les veines épaisses à la base du chou de façon que les feuilles puissent être roulées sans se casser.

LA FARCE ET LE PLIAGE
Préchauffer le four à 180 °C. Mixer tous les ingrédients de la farce ensemble et les diviser en 10 à 12 portions. Placer chaque portion de viande à la base d'une feuille de chou et rouler la feuille pour la fermer en pliant les côtés.

LA CUISSON ET LE SERVICE
Placer les rouleaux, côté fermeture en dessous, dans un grand plat profond. Utiliser le chou en excès pour remplir les trous de façon que les rouleaux soient bien serrés.
Mélanger tous les ingrédients de la sauce ensemble et la verser sur les rouleaux. Couvrir le plat d'une feuille de papier d'aluminium et faire cuire pendant 1 h 30.
Les restes peuvent être congelés et recuits dans une poêle avec un peu d'eau. J'avais toujours l'impression que le chou farci de ma grand-mère était meilleur décongelé et réchauffé plutôt que frais.

LES KNISHES
Voir page précédente.

MEATLOAF & GRAVY

Un classique régressif des diners américains.

POUR 6 PERSONNES
Préparation : 30 minutes
Cuisson : 1 h 15

PÂTÉ
75 g de céleri émincé
75 g d'oignon émincé
75 g de champignons émincés
2 cuillères à soupe d'huile
350 g de bœuf haché
350 g de veau haché
4 cuillères à soupe de chapelure
125 g de ketchup (page 264)
+ 50 g pour badigeonner le pain
2 cuillères à café de Tabasco®
(facultatif)
1 œuf battu
2 cuillères à soupe de feuilles
de persil plat émincées
2 pincées de sel
1 pincée de poivre moulu

PURÉE DE POMMES DE TERRE
1 kg de pommes de terre
à chair ferme pelées
75 g de beurre
7,5 cl de lait
sel et poivre

SAUCE « GRAVY »
2 cuillères à soupe d'oignons
émincés
50 g champignons émincés
2 cuillères à soupe de beurre
+ 1 cuillère pour les légumes
2 cuillères à soupe de farine
25 cl de bouillon de bœuf

LE PÂTÉ
Préchauffer le four à 175 °C. Faire sauter le céleri, l'oignon et les champignons dans l'huile sur feu moyen jusqu'à ce qu'ils soient tendres. Ajouter les autres ingrédients du pâté et mélanger jusqu'à ce que ce soit homogène. Verser dans un plat de 10 x 20 cm, étaler le ketchup supplémentaire et cuire pendant 1 heure.

LA PURÉE DE POMMES DE TERRE
Couper les pommes de terre en morceaux de même taille.
Les placer dans une cocotte remplie d'eau froide avec du sel. Porter à ébullition et cuire pendant environ 15 minutes, jusqu'à ce que les pommes de terre soient tendres. Égoutter.
Dans une casserole sur feu moyen, faire fondre le beurre dans le lait. Écraser ensemble les pommes de terre chaudes et le mélange chaud lait-beurre avec un robot ménager, avec un presse-purée ou encore avec une fourchette puis un fouet. Assaisonner selon le goût. Ajouter plus de lait si c'est trop sec. Servir chaud.

LA SAUCE
Dans une casserole, faire sauter les oignons et les champignons avec 1 cuillère à soupe de beurre jusqu'à ce qu'ils soient tendres ; réserver. Faire chauffer le beurre restant dans la casserole. Après quelques minutes, quand le beurre mousse, ajouter la farine. Mélanger continuellement jusqu'à obtention d'une coloration beige. Verser lentement le bouillon de bœuf en tournant sans cesse. Quand le mélange est homogène, augmenter le feu et porter à ébullition. Ajouter les champignons et les oignons, et poursuivre la cuisson en remuant jusqu'à la bonne consistance.

***astuce :** les 25 cl de bouillon de bœuf peuvent être remplacés par un cube de bouillon dissous dans 25 cl d'eau bouillante.*

CORNED-BEEF

Réaliser une bonne poitrine de bœuf marinée comme celle qu'on trouve dans les fameux sandwichs de Katz's est facile mais demande du temps.

POUR ENVIRON 6 PORTIONS
Préparation : 15 minutes
Cuisson : 4 heures
Repos : environ 1 semaine

INGRÉDIENTS
750 g de poitrine de bœuf

ÉPICES POUR LA MARINADE
2 cuillères à café de quatre-épices
2 cuillères à café de graines de moutarde jaune grillées et écrasées
2 cuillères à café de flocons de piment rouge
2 cuillères à café de clous de girofle
2 cuillères à café de cinq-baies grillées et écrasées
2 cuillères à café de cardamome
2 feuilles de laurier
1 cuillère à café de gingembre
1 bâton de cannelle en morceaux
2 fleurs de muscade (macis)

BOUILLON
1,5 l d'eau distillée
115 g de gros sel non iodé
1 cuillère à café de nitrate de potassium (salpêtre)
2 gousses d'ail

LES ÉPICES DE LA MARINADE
Mélanger toutes les épices de la marinade ensemble. Mettre la moitié de côté pour le bouillon, l'autre moitié servira à cuire la viande.

LE BOUILLON
Dans une grande cocotte, porter tous les ingrédients du bouillon à ébullition. Une fois que le sel est complètement dissous, éteindre le feu et laisser le bouillon refroidir à température ambiante, puis le réfrigérer. On peut réaliser cette opération la veille.

LA MARINADE
Dans un sac de congélation, immerger la viande dans le bouillon. Vider autant d'air que possible du sac. Vérifier que la viande est complètement immergée et placer le sac dans un plat au réfrigérateur pendant 5 jours à 3 semaines, en le retournant une ou deux fois par jour pour s'assurer que la viande marine uniformément.

LA CUISSON
Rincer la viande et la placer dans une cocotte ou dans une marmite. Ajouter la moitié restante des épices à marinade et verser de l'eau jusqu'à ce que la viande soit immergée sous au moins 3 cm de liquide. Porter l'eau à ébullition, puis baisser le feu. Laisser mijoter 3 à 4 heures jusqu'à ce que la viande soit très tendre. On peut servir le corned-beef immédiatement mais, pour les sandwichs, il est préférable de l'emballer et de le réfrigérer d'abord avant de le trancher.

SPAGHETTI AND MEATBALLS

De grosses boulettes de viande authentiques, dégoulinant généreusement de sauce tomate, avec un peu de parmesan râpé sur le dessus et du pain à l'ail. Rien que de la bonne vieille cuisine américano-italienne.

POUR 3 OU 4 PERSONNES
Préparation : 30 minutes
Cuisson : 1 heure

INGRÉDIENTS
400 g de spahetti

BOULETTES DE VIANDE
250 g de bœuf haché
250 g de porc haché
2 gousses d'ail écrasées
1 œuf battu
50 g de parmesan râpé
50 g de chapelure
1 cuillère à soupe de feuilles de persil plat émincées
10 cl de lait
½ cuillère à café de sel
1 pincée de poivre moulu

SAUCE TOMATE
500 g de coulis de tomates
3 cuillères à soupe d'oignon émincé finement
1 cuillère à soupe de carotte et de céleri émincés finement
5 gousses d'ail écrasées
3 cuillères à soupe d'huile d'olive
10 cl d'eau
2 pincées d'origan séché (ou de basilic)
sel, poivre
sucre (facultatif)

PAIN À L'AIL
1 baguette (pas trop fine)
100 g de beurre (mou)
2 cuillères à soupe d'huile d'olive
3 gousses d'ail écrasées
1 cuillère à soupe de feuilles de persil plat émincées

LES BOULETTES DE VIANDE
Préchauffer le four à 200 °C. Mélanger tous les ingrédients jusqu'à obtention d'une préparation homogène et former 10 à 12 grosses boulettes avec les mains. Les répartir sur une plaque de cuisson couverte de papier sulfurisé. Enfourner pendant 15 minutes.

LA SAUCE TOMATE
Faire sauter les oignons, les carottes et le céleri dans l'huile d'olive sur feu moyen pour environ 5 minutes, jusqu'à ce que les oignons soient translucides. Incorporer l'ail écrasé et poursuivre la cuisson encore 1 minute avant d'ajouter le coulis de tomates et l'eau. Laisser mijoter pendant 15 minutes. Ajouter du sel, du poivre et du sucre selon le goût. Verser les boulettes de viande et laisser mijoter pendant 15 minutes, juste avant de servir.

LE PAIN À L'AIL
Préchauffer le four à 180 °C. Couper le pain en deux. Mixer les autres ingrédients et former une pâte. Étaler cette mixture sur le côté intérieur du pain et placer les deux tartines sur une feuille de cuisson avec le côté beurré sur le dessus. Cuire pendant environ 10 minutes, jusqu'à ce que ce soit légèrement brun. Trancher et servir avec le plat.

SPAGHETTI
Au moment de préparer les croûtons, lancer la cuisson des spaghetti. Les cuire al dente, puis servir avec les boulettes et la sauce tomate. Accompagner de pain à l'ail.

CHOLENT

Ce ragoût du déjeuner traditionnel du Chabbat est cuit pendant 15 heures. Comme le dit la chanson, « good things come to those who wait », les bonnes choses viennent à point à qui sait attendre.

POUR 5 PERSONNES

Préparation : 30 minutes
Cuisson : 15 heures

INGRÉDIENTS

1,25 kg de plat de côte de bœuf ou une autre viande à bourguignon
4 cuillères à soupe d'huile d'olive
2 cuillères à café de sel pour dorer + 2 cuillères à café supplémentaires
2 oignons jaunes
12 gousses d'ail
4 cuillères à soupe de miel
1 cuillère à soupe de piment (fumé si possible)
1 cuillère à café de poivre
200 g de haricots cornilles
100 g de blé
1,5 l d'eau froide (suffisamment pour recouvrir la viande d'au moins 5 cm)
500 g de carottes coupées grossièrement
500 g de navets coupés grossièrement

LE RAGOÛT

Préchauffer le four à 95 °C. Couper la viande en morceaux égaux et les faire dorer dans 2 cuillères à soupe d'huile avec le sel dans une cocotte. Retirer la viande dorée, ajouter le reste de l'huile et faire sauter les oignons et l'ail quelques minutes. Ajouter le miel, le piment, le poivre et le sel supplémentaire. Remettre la viande dans la cocotte et la recouvrir de la sauce. Ajouter les haricots, le blé, les carottes et les navets, et couvrir avec de l'eau froide. Porter à ébullition, retirer l'écume en surface et couvrir.

LA CUISSON AU FOUR

Placer la cocotte dans le four et cuire pendant 15 heures. Habituellement, la cuisson se fait pendant la nuit. Le matin, ou à mi-cuisson, vérifier que la viande est toujours couverte d'eau et, si nécessaire, ajouter plus d'eau de façon que le niveau de l'eau se situe au moins 3 cm au-dessus de la viande.

16 : 23

SNACK TIME

PB&J (PEANUT BUTTER & JELLY)

Ce snack typiquement américain au beurre de cacahuètes et à la gelée peut être aussi médiocre que fantastique, selon les ingrédients que vous utilisez.

POUR 1 SANDWICH
Préparation : 2 minutes

INGRÉDIENTS
2 tranches de pain de mie complet
beurre de cacahuètes (page 263)
gelée (page 263)

Prendre deux tranches de pain de mie. Étaler du beurre de cacahuètes sur une tranche et de la gelée ou de la confiture sur l'autre. Assembler les tranches l'une sur l'autre. Couper et servir. Rien de plus simple !

LES COOKIES AUX PÉPITES DE CHOCOLAT
Voir page 226.

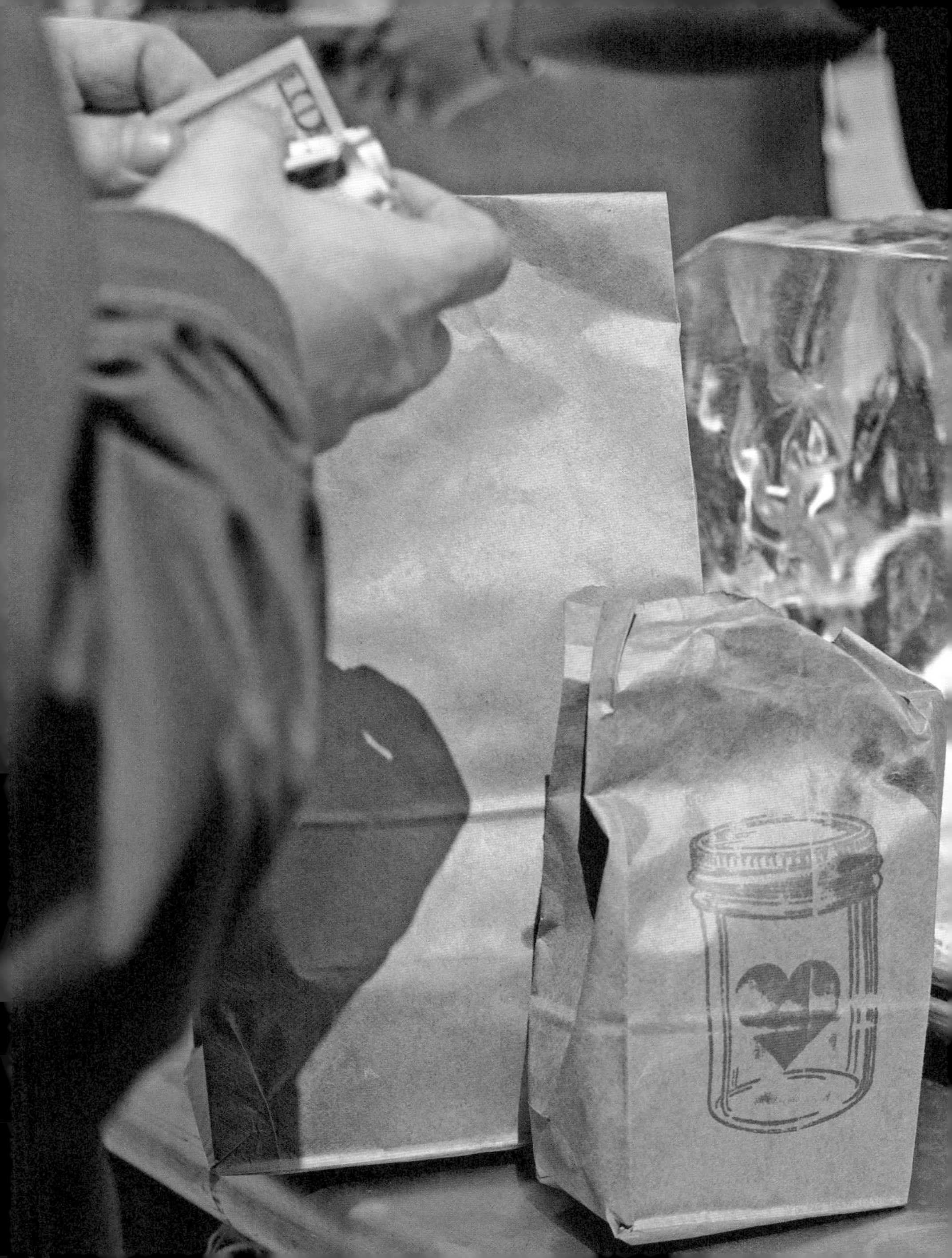

APPLE PIE

La quintessence de l'Amérique.

POUR UNE TARTE DE 12 PARTS
Préparation : 45 minutes
Cuisson : environ 1 h 10
Réfrigération : 1 heure
Repos : 2 heures

PÂTE
250 g de beurre doux froid coupé en petits dés
500 g de farine
1 cuillère à café de sel
50 g de sucre glace
7 cuillères à soupe d'eau froide
1 cuillère à soupe de vinaigre de cidre

GARNITURE
11 granny smith, épluchées, épépinées et coupées en petits morceaux
100 g de cassonade
1 cuillère à soupe de cannelle en poudre
1 gousse de vanille
50 g de beurre doux
3 cuillères à soupe de Maïzena®
2 cuillères à soupe de jus de citron ou de vinaigre de cidre

DORURE
1 jaune d'œuf
1 cuillère à café d'eau
1 cuillère à soupe de cassonade

LA PÂTE
À l'aide d'un robot ou d'une fourchette, sabler le beurre avec les ingrédients secs. Incorporer ensuite l'eau et le vinaigre à la main jusqu'à obtention d'une pâte homogène. La diviser en deux boules de même taille, les emballer dans du film alimentaire et les laisser reposer au réfrigérateur pendant au moins 1 heure.

LA GARNITURE
Préchauffer le four à 180 °C. Mélanger les morceaux de pomme avec le sucre brun, la cannelle et les graines de la gousse de vanille. Mélanger la Maïzena® avec le jus de citron. Mettre le beurre à chauffer dans une poêle portée sur feu moyen. Quand il commence à grésiller, ajouter les pommes et les faire cuire jusqu'à ce qu'elles soient légèrement dorées de tous les côtés. Ajouter le mélange de Maïzena® et de jus de citron et, en remuant, continuer à faire cuire pendant 5 minutes.

LE FAÇONNAGE
Si la pâte est trop dure à la sortie du réfrigérateur, la laisser ramollir. Beurrer et fariner un moule à tarte de 26 à 30 cm de diamètre. Sur un plan de travail bien fariné, étaler au rouleau à pâtisserie les boules de pâte en deux disques assez grands pour dépasser du bord du moule de 5 cm environ. Garnir le moule de l'un des disques de pâte, en roulant sur lui-même le débord. Piquer le fond à la fourchette et couvrir de papier sulfurisé et de haricots secs.

LA CUISSON ET LE SERVICE
Enfourner pour 15 minutes. Ôter le papier avec les haricots et remettre au four pendant environ 5 minutes. Verser la garniture sur la pâte. Couvrir avec le deuxième disque de pâte, souder les bords en les pinçant avec les doigts et faire de petites incisions sur le dessus pour laisser respirer la tourte. Badigeonner la pâte du mélange de jaune d'œuf et d'eau à l'aide d'un pinceau, puis parsemer de cassonade. Enfourner et laisser cuire pendant environ 45 minutes. Laisser refroidir 2 heures avant de couper. Servir chaud avec une boule de crème glacée (ma préférence), ou froid, avec de la crème Chantilly (page 263).

PECAN PIE

Une tarte aux noix de pécan avec une pâte au chocolat. Vous ne serez pas déçu.

POUR 1 TARTE DE 26 CM (8 À 10 PARTS)
Préparation : 40 minutes
Cuisson : environ 1 h 15
Réfrigération : 2 heures pour la pâte

PÂTE
125 g de beurre doux froid coupé en petits dés
225 g de farine T65 ou T55
15 g de cacao en poudre
½ cuillère à café de sel
18 g de sucre glace
1 sachet de sucre vanillé
4 cuillères à soupe d'eau froide

GARNITURE
250 g de noix de pécan
22,5 cl de sirop de sucre de canne
340 g de sucre brun (ou 320 g de sucre en poudre + 20 g de mélasse)
1,5 cuillère à café d'extrait de vanille
75 g de beurre doux
11 cl de crème liquide entière
6 œufs
2 pincées de sel

FINITIONS
1 cuillère à soupe de sirop de sucre de canne

LA PÂTE
À l'aide d'un robot ou d'une fourchette, sabler le beurre avec les ingrédients secs. Incorporer ensuite l'eau froide à la main jusqu'à obtention d'une pâte homogène. La rouler en boule, l'emballer de film alimentaire et la laisser reposer au réfrigérateur pendant au moins 1 heure.
Sur un plan de travail bien fariné, étaler au rouleau la pâte en un disque 3 cm plus grand qu'un moule à tarte d'environ 26 cm de diamètre. Si la pâte est trop dure à la sortie du réfrigérateur, la laisser ramollir.
Beurrer et fariner le moule. Le garnir du disque de pâte, puis rouler sur lui-même le débord et le pincer avec les doigts pour bien le souder à la pâte. Laisser reposer au réfrigérateur pendant au moins 1 heure.
Préchauffer le four à 180 °C. Piquer le fond de pâte à la fourchette, le couvrir de papier sulfurisé et de haricots secs, puis enfourner pour 15 minutes. Enlever le papier sulfurisé et les haricots secs, et remettre au four pendant environ 5 minutes.

LA GARNITURE
Mettre les noix de pécan sur une plaque recouverte de papier sulfurisé et les enfourner à 180 °C pendant 10 minutes pour les faire griller légèrement. Les laisser tiédir quelques minutes et les concasser.
Dans une poêle, faire chauffer le sirop de sucre de canne, le sucre brun, le sel, le beurre et l'extrait de vanille. Laisser fondre le sucre à feu doux, puis porter à ébullition. Retirer du feu et ajouter la crème liquide. Mélanger et laisser tiédir. Ajouter les œufs un par un, en prenant soin de bien fouetter le mélange après chaque œuf ajouté.
Répartir les noix de pécan sur le fond de pâte précuit et verser la crème dessus.

LA CUISSON
Enfourner la tarte et cuire pendant environ 40 minutes. La crème doit être bien prise mais encore légèrement tremblotante au centre.
À la sortie du four, badigeonner à l'aide d'un pinceau le bord de la pâte du sirop de sucre de canne. Laisser refroidir avant de découper. Servir avec une boule de glace.

CAFETERIA
- CADIZ -

CHERRY PIE

Il y a des choses dans la vie qui sont en fait aussi bonnes qu'elles le paraissent…

POUR 1 TARTE DE 26 À 30 CM
Préparation : 25 minutes
Cuisson : environ 1 h 20
Repos : environ 1 heure

PÂTE
250 g de beurre doux froid en dés
500 g de farine
50 g de sucre glace
1 cuillère à café de sel
7 cuillères à soupe d'eau froide
1 cuillère à soupe de jus de citron

GARNITURE
3 cuillères à soupe de Maïzena®
3 cuillères à soupe de jus de citron
900 g de griottes dénoyautées
200 g de pommes granny épépinées et coupées en petits dés, avec la peau
175 g de sucre en poudre

DORURE
1 jaune d'œuf
un peu d'eau

LA PÂTE
À l'aide d'un robot ou d'une fourchette, sabler le beurre et les ingrédients secs de la pâte. Incorporer l'eau et le jus de citron à la main jusqu'à obtention d'une pâte homogène. La diviser en deux boules de même taille, les emballer dans du film alimentaire et les laisser reposer au réfrigérateur pendant au moins 1 heure.

LA GARNITURE
Préchauffer le four à 180 °C. Mélanger le jus de citron avec la Maïzena®. Mettre ce mélange ainsi que les cerises, les morceaux de pomme et le sucre dans une poêle sur feu moyen. Faire cuire le tout pendant 15 minutes en remuant. Laisser refroidir.

LE FAÇONNAGE ET LA CUISSON
Sur un plan de travail bien fariné, étaler les boules de pâte en deux disques assez grands pour dépasser du bord du moule de 5 cm environ. Beurrer et fariner le moule à tarte. Le garnir de l'un des disques de pâte, en roulant sur lui-même le débord. Piquer le fond à la fourchette et couvrir de papier sulfurisé et de haricots secs. Enfourner pour 15 minutes. Ôter le papier et les haricots et remettre au four pour 5 minutes. Remplir le fond de pâte avec la garniture froide.

LES CROISILLONS
Sur une surface farinée, couper le second disque de pâte en 8 bandes larges et séparer les bandes en deux groupes. Un groupe de 4 sera posé sur la tarte dans un sens et le second sera posé à la perpendiculaire, de telles sorte que les bandes s'entrecroisent. Poser d'abord 4 bandes à égale distance les unes des autres. Passer la première perpendiculaire alternativement sur et sous les 4 bandes déjà posées. Renouveler l'opération avec les 3 autres bandes perpendiculaires, en alternant la manière de démarrer l'entrelac : tantôt par dessus la première bande, tantôt par en dessous. Pincer les bords pour les sceller. Il est essentiel que la garniture soit froide pour cette opération, sinon la chaleur rendra les bandes de pâte trop molles pour être manipulées.

LA DEUXIÈME CUISSON ET LE SERVICE
Badigeonner la pâte d'un mélange de jaune d'œuf et d'eau à l'aide d'un pinceau. Enfourner et laisser cuire pendant environ 45 minutes. Laisser refroidir au moins 4 heures avant de couper.

Fresh
Pies

HONEY PIE

Un hommage à la parfaite tarte au beurre et au miel du Four and Twenty Blackbirds à Williamsburg.

POUR 1 TARTE DE 26 CM
Préparation : 40 minutes
Cuisson : 1 h 15
Repos : 1 heure

PÂTE
125 g de beurre doux froid coupé en petits dés
240 g de farine
25 g de sucre glace
½ cuillère à café de sel
5,5 cl d'eau froide
1 cuillère à café de vinaigre de cidre
1 œuf battu pour la dorure

GARNITURE
3 cuillères à soupe de semoule de maïs fine
1,5 cuillère à soupe de vinaigre de cidre
1 cuillère à café d'extrait de vanille
6 œufs
1 pincée de sel
12 cl de crème liquide entière
80 g de beurre doux
300 g de sucre brun (ou 285 g de sucre + 15 g de mélasse)
75 g de sirop de sucre de canne
100 g de miel d'acacia
1,5 cuillère à soupe de fleur de sel

LA PÂTE
À l'aide d'un robot, sabler le beurre avec la farine, le sucre glace et le sel, puis incorporer l'eau et vinaigre à la main jusqu'à obtention d'une pâte homogène. La rouler en boule, l'emballer de film alimentaire et la laisser reposer au réfrigérateur pendant 1 heure.
Sur un plan de travail fariné, étaler la pâte en un disque 3 cm plus grand que le moule, à l'aide d'un rouleau. Beurrer et fariner le moule. Le garnir du disque de pâte, rouler sur lui-même le débord et le pincer avec les doigts pour le façonner, en veillant à ce qu'il dépasse un peu du moule.
Préchauffer le four à 180 °C. Recouvrir la pâte de papier sulfurisé, puis de haricots secs, et enfourner pour environ 15 minutes, jusqu'à ce que le bord soit doré. Ôter le papier et les haricots et badigeonner le fond de tarte d'œuf battu. Remettre au four pendant 2 minutes, en baissant la température à 175 °C.

LA GARNITURE
Mélanger le semoule, le vinaigre, la vanille, les œufs, la crème liquide et le sel. Dans une poêle, porter à ébullition le beurre, le sucre brun, le sirop de sucre et le miel. Baisser le feu et incorporer la préparation à l'œuf, en mélangeant à la spatule pendant environ 5 minutes, jusqu'à obtention d'une crème homogène.

LE MONTAGE ET LA CUISSON
Verser cette garniture sur la pâte précuite. Enfourner à 175 °C pendant environ 40 minutes, jusqu'à ce que la garniture soit prise, mais encore un peu tremblotante. Laisser refroidir et saupoudrer de fleur de sel.

PUMPKIN PIE

Cette onctueuse et moelleuse interprétation du classique de Thanksgiving est un cadeau de mon amie Sarah Jane Crawford, qui a prêté ses talents de pâtissière à de très bons établissements, tels que Rose Bakery, à Paris, et Marlow and Sons, à Brooklyn.

POUR 1 TARTE DE 26 CM
Préparation : 30 minutes
Cuisson : environ 1 h 20
Repos : 1 heure

PÂTE
130 g de beurre doux froid (coupé en petits dés)
215 g de farine
½ cuillère à café de sel
6,5 cl d'eau froide
1 cuillère à café de jus de citron
1 œuf battu (pour la dorure)

GARNITURE
3 œufs moyens
1 jaune d'œuf
120 g de sucre brun (115 g de sucre en poudre + 5 g de mélasse)
12 cl de sirop d'érable
35 cl de crème liquide
420 g de purée de citrouille ou de potiron*
1 cuillère à café de cannelle en poudre
1 cuillère à café de gingembre en poudre
½ cuillère à café de noix de muscade en poudre

*Vous pouvez utiliser une purée de potiron décongelée achetée dans le commerce, ou préparer votre propre purée en suivant les instructions de Sarah.

LA PÂTE
À l'aide d'un robot, sabler le beurre avec la farine et le sel, puis incorporer l'eau et le jus de citron à la main jusqu'à obtention d'une pâte homogène. Rouler cette dernière en boule, l'emballer dans du film alimentaire et la laisser reposer au réfrigérateur pendant 1 heure. Préchauffer le four à 170 °C. Sur un plan de travail fariné, étaler à l'aide d'un rouleau la pâte en un disque 3 cm plus grand que le moule. Beurrer et fariner le moule à tarte. Le garnir du disque de pâte, rouler sur lui-même le débord et le pincer avec les doigts pour le façonner, en veillant à ce qu'il dépasse un peu du moule. Recouvrir la pâte de papier sulfurisé, puis de haricots secs, et enfourner environ 40 minutes, jusqu'à ce que le bord soit doré et que la pâte soit bien sèche. Ôter le papier avec les haricots et badigeonner le fond de tarte d'œuf battu, puis remettre au four pendant 2 minutes.

LA GARNITURE
Préchauffer le four à 180 °C. Fouetter ensemble les œufs, le jaune d'œuf et le sucre. Incorporer un à un le reste des ingrédients de la garniture, et mélanger jusqu'à obtention d'une préparation homogène. Verser celle-ci dans le fond de pâte et enfourner pour 40 minutes environ, jusqu'à ce que la garniture soit prise. Laisser refroidir avant de servir.

POUR UNE PURÉE DE CITROUILLE OU DE POTIRON MAISON
Préchauffer le four à 220 °C. Éplucher la citrouille ou le potiron (450 g avant cuisson environ), la vider et la couper en morceaux. Déposer ces derniers sur la plaque du four couverte de papier sulfurisé, ajouter assez d'eau pour que le papier soit couvert et enfourner 1 heure environ, jusqu'à ce que la chair de la citrouille soit bien molle. Laisser refroidir puis, à l'aide d'un robot, réduire les morceaux de citrouille en une purée bien lisse. Si elle est trop liquide, la laisser s'égoutter toute une nuit au réfrigérateur dans une passoire tapissée d'un torchon propre en coton.

CHINESE EGG CUSTARD

Les tartes à la crème tout juste sorties du four à vapeur sont un produit de base des coffee shops de Chinatown. Et pour une crème aux œufs brillante, vous devez la cuire lentement à basse température.

POUR 30 TARTELETTES
Préparation : 30 minutes
Cuisson : 30 minutes
Repos : 2 à 3 heures

POUR LA PÂTE « GRASSE » INTÉRIEURE
175 g de beurre (mou)
175 g d'huile de coco
(molle ou fondue)
250 g de farine

POUR LA PÂTE AUX ŒUFS EXTÉRIEURE
250 g de farine
1 œuf
8 cl d'eau glacée

POUR LA CRÈME
150 g de sucre
38 cl d'eau
1 cuillère à soupe de Maïzena®
85 g de lait concentré
4 œufs
4 jaunes d'œuf

LES PÂTES
Mélanger tous les ingrédients de la pâte grasse jusqu'à obtention d'une pâte homogène et la placer au réfrigérateur pendant 30 minutes. Faire de même avec les ingrédients de la pâte aux œufs, et réserver également au réfrigérateur pendant 30 minutes.

LE FAÇONNAGE ET LE PLIAGE
Sur une surface farinée, étaler la pâte grasse en un carré de 20 cm de côté, puis étaler la pâte aux œufs en un carré de 30 cm de côté. Placer le carré de pâte grasse au centre du carré de pâte aux œufs de façon que les bords du carré de l'intérieur soit à angle de 45° par rapport aux bords du carré extérieur. Rabattre les côtés de la pâte extérieure sur le carré intérieur. Réserver au frais pendant 30 minutes, puis étaler de nouveau la pâte rabattue en rectangle en s'assurant que les côtés du haut et du bas du rectangle soient bien parallèles au rouleau. Plier comme une enveloppe et remettre la pâte au réfrigérateur 30 minutes à nouveau. Recommencer l'opération entre deux et quatre fois, en laissant chaque fois reposer 30 minutes. Pour finir, étaler la pâte sur une épaisseur de 5 mm et découper à l'aide d'un emporte-pièce des cercles suffisamment larges pour tapisser des moules à tartelette. Disposer les cercles de pâte dans les moules beurrés et farinés, et les réserver au réfrigérateur.

LA CRÈME
Préchauffer le four (à chaleur tournante) à 175 °C. Dans une casserole sur feu doux, dissoudre le sucre dans l'eau, puis laisser refroidir pendant 5 minutes. Mélanger la Maïzena® et 1 cuillère à soupe de lait concentré. Ajouter le reste de lait concentré, les œufs et les jaunes. Incorporer le tout à l'eau sucrée, en fouettant jusqu'à ce que le mélange soit homogène.

LA CUISSON
Placer les moules à tarte garnis de pâte feuilletée sur une plaque de cuisson, les remplir de crème et enfourner en baissant la température à 150 °C. Laisser cuire pendant 35 minutes, jusqu'à ce que la crème soit prise mais encore tremblotante.

Pear
$4

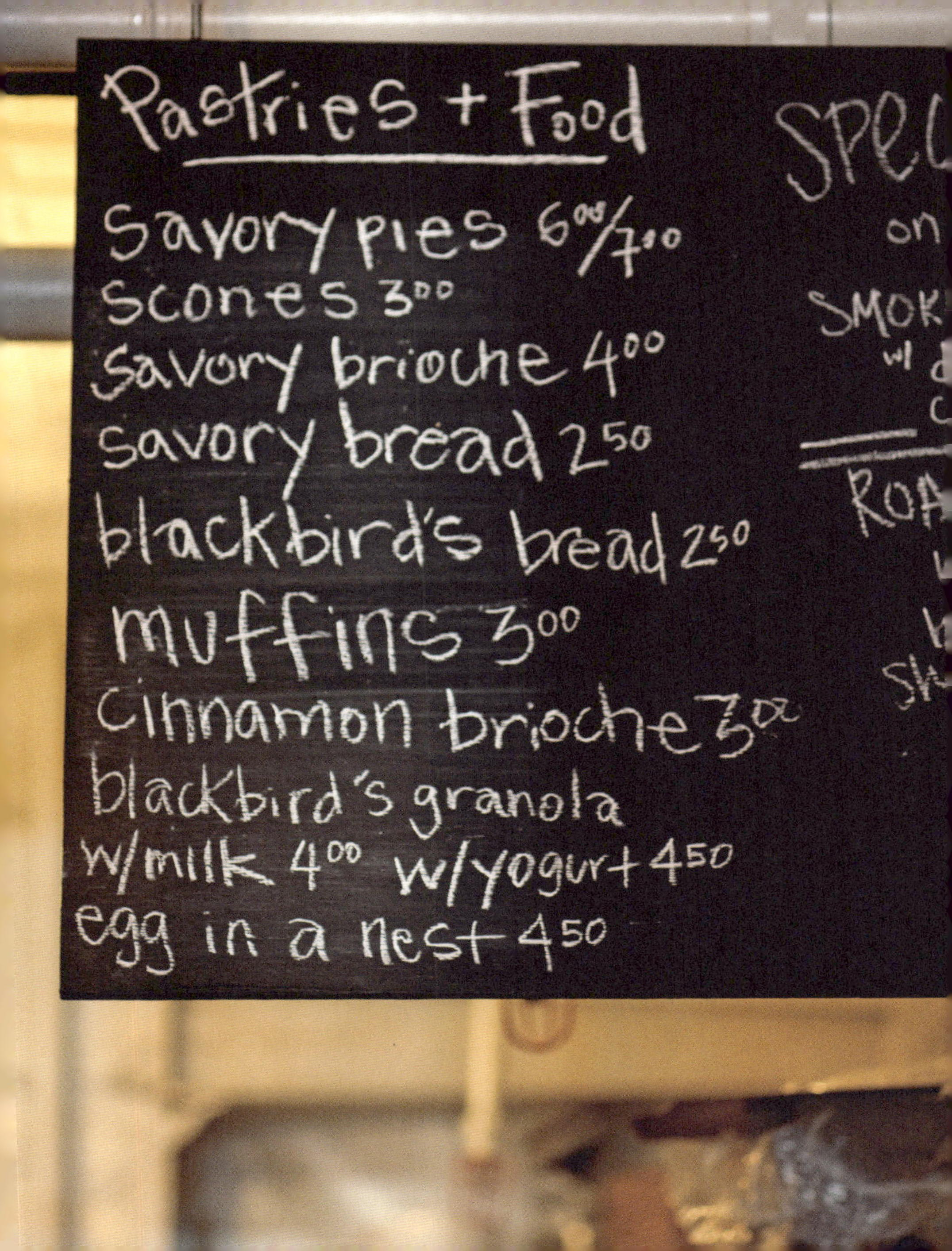
Pastries + Food
savory pies 6^{00}/7^{00}
scones 3^{00}
savory brioche 4^{00}
savory bread 2^{50}
blackbird's bread 2^{50}
muffins 3^{00}
cinnamon brioche 3^{00}
blackbird's granola
w/milk 4^{00} w/yogurt 4^{50}
egg in a nest 4^{50}

CARROT CAKE

Une part fraîche de carrot cake moelleux et épicé, couvert d'une épaisse couche de glaçage de « cream cheese ». Que peut-il y avoir de meilleur ?

POUR 1 GÂTEAU
Préparation : 30 minutes
Cuisson : 40 minutes

PRÉPARATION LIQUIDE
130 g de sucre brun (ou 120 g de sucre en poudre + 10 g de mélasse)
12 cl d'huile de tournesol
4 œufs moyens
2 cuillère à soupe de jus d'orange
le zeste de 1 orange
1 cuillère à café d'extrait de vanille

INGRÉDIENTS SECS
240 g de farine T65 ou T55
2 cuillères à café de levure chimique
3 pincées de sel
2 cuillères à café de cannelle en poudre
4 pincées de noix de muscade râpée
4 pincées de cardamome en poudre
4 pincées de poivre noir fraîchement moulu

CAROTTES ET FRUITS
240 g de carottes râpées
2 grosses cuillerées de noix hachées
2 grosses cuillerées de raisins secs

GLAÇAGE
100 g de beurre doux ramolli
150 g de fromage à tartiner nature (à 25 % de matières grasses, type Philadelphia®)
100 g de sucre glace
100 g noix de coco râpée (facultatif)

LA PÂTE
Préchauffer le four à 180 °C. Fouetter énergiquement les ingrédients de la préparation liquide. Mélanger les ingrédients secs, puis les ajouter à la préparation précédente, sans trop travailler la pâte. Incorporer enfin les carottes et les fruits. Beurrer et fariner un moule rond de 22 cm de diamètre. Remplir le moule de pâte aux trois quarts.

LA CUISSON
Enfourner pour 40 minutes environ. Laisser refroidir.

LE GLAÇAGE
Mixer le beurre, le fromage et le sucre au robot muni de la lame en forme de « S », ou mélanger ces ingrédients à la fourchette jusqu'à obtention d'un mélange lisse et homogène. Étaler le glaçage sur le gâteau à l'aide d'un couteau ou d'une spatule. Saupoudrer de noix de coco râpée.

APPLE STRUDEL & STRUDEL CERISES-RICOTTA

Les couches feuilletées et beurrées sont la clé de ce dessert traditionnel d'Europe centrale.

POUR 1 STRUDEL

Préparation : 45 minutes
Cuisson : environ 30 minutes
Repos : 20 minutes

PÂTE

4 feuilles de pâte filo
50 g de chapelure
95 g de sucre en poudre
1,5 cuillère à café de cannelle pour l'apple strudel ou les grains d'une gousse de vanille pour la version aux cerises et à la ricotta
100 g de beurre doux fondu

APPLE STRUDEL

5 granny smith épluchées, épépinées et coupées en petits dés (soit environ 375 g de pommes épluchées et coupées)
75 g de sucre en poudre
40 g de beurre doux
2 cuillères à café de zeste râpé de citron
3 cl de jus de citron
50 g d'amandes effilées
½ cuillère à soupe de Maïzena®
1 cuillère à café d'extrait de vanille

STRUDEL CERISES-RICOTTA

170 g de cerises griottes surgelées et décongelées ou 170 g de cerises fraîches dénoyautées et coupées en 2
85 g de farine
400 g de ricotta
60 g de sucre en poudre
5 cuillerées à café de Maïzena®
2 blancs d'œuf

LA GARNITURE DE L'APPLE STRUDEL

Mettre le beurre à chauffer à feu moyen dans une poêle. Aux premiers grésillements, ajouter les morceaux de pommes et le sucre. Les saisir pendant 3 minutes. Ajouter le zeste de citron, les amandes et la vanille, et continuer la cuisson jusqu'à ce que les pommes soient légèrement dorées de tous les côtés. Mélanger la Maïzena® et le jus de citron, et ajouter cette préparation aux pommes. Laisser cuire encore 5 minutes en remuant. Laisser refroidir.

LA GARNITURE DU STRUDEL CERISES-RICOTTA

Dans un saladier, fouetter ensemble la ricotta, le sucre, la Maïzena® et les 2 blancs d'œuf. Quand le mélange est homogène, le faire chauffer à feu doux dans une casserole pendant 5 minutes pour l'épaissir un peu. Laisser refroidir. Enrober les cerises de farine, puis les secouer un peu pour enlever l'excédent.

LE MONTAGE

Préchauffer le four à 200 °C. Mélanger la chapelure, le sucre et la cannelle. Sur une plaque à pâtisserie recouverte de papier cuisson, étaler la première feuille de pâte filo. La badigeonner de beurre fondu à l'aide d'un pinceau et la saupoudrer du mélange chapelure-sucre-cannelle. Poser dessus une autre feuille et répéter l'opération.
Faire de même avec les deux dernières feuilles de pâte filo.
Pour l'apple strudel, étaler la garniture aux pommes en forme de boudin sur toute la longueur des feuilles de filo et rouler celles-ci pour enfermer la garniture.
Pour le strudel aux cerises et à la ricotta, étaler la garniture à la ricotta sur toute la surface des feuilles de filo et à 3 cm des feuilles. Poser sur la garniture les cerises légèrement farinées sur deux rangs, l'un au tiers de la largeur des feuilles de filo, le second aux deux tiers.
Rouler les feuilles de pâte sur la largeur pour former un boudin.

LA CUISSON

Enduire la surface du strudel du beurre fondu restant, saupoudrer du reste du mélange chapelure-sucre-cannelle (apple strudel) ou du mélange chapelure-sucre-vanille (strudel cerises-ricotta). Enfourner pour environ 22 minutes. Laisser refroidir et servir en tranches.

NEW YORK CHEESECAKE

Le vrai, comme celui que l'on mange chez Junior à Brooklyn. Préparé avec du cream cheese (fromage à tartiner) et NON cuit au bain-marie.

POUR UN CHEESECAKE DE 28 CM DE DIAMÈTRE

Préparation : 25 minutes
Cuisson : 1 h 20
Repos au four : 2 heures
Réfrigération : 4 heures

CROÛTE

180 g de biscuits Thé® émiettés
90 g de beurre doux fondu
20 g de sucre en poudre

GARNITURE CHEESY

900 g de fromage nature à tartiner (à 25 % de matières grasses, Philadelphia® de préférence)
260 g de sucre en poudre
½ cuillère à café de sel
70 g de farine T65 ou T55
le jus et le zeste râpé d'un citron
600 g de crème fraîche épaisse (à 30 % de matières grasses)
8 œufs moyens
1 cuillère à café d'extrait de vanille

LA BASE

Préchauffer le four à 175 °C (four à chaleur tournante). Mélanger les biscuits émiettés, le sucre et le beurre fondu, puis tapisser de ce mélange le fond, de préférence amovible, d'un moule beurré de 28 cm de diamètre, en tassant bien avec le fond d'un verre. Enfourner et laisser cuire pendant 15 minutes (10 minutes pour les petits moules). Sortir la base du four et augmenter la température à 225 °C.

LA GARNITURE CHEESY

En respectant l'ordre dans lequel sont indiqués les ingrédients de la crème de fromage, les mélanger en fouettant jusqu'à obtention d'une crème lisse et homogène. Après avoir beurré les côtés du moule, verser ce mélange sur la croûte.

LA CUISSON

Enfourner pour 10 minutes. Sans ouvrir le four, baisser la température à 90 °C et prolonger la cuisson de 50 minutes. La crème doit être toujours un peu tremblotante au centre. Éteindre le four et laisser reposer dedans pendant 2 heures. Ensuite, laisser refroidir hors du four et réserver au réfrigérateur pendant au moins 4 heures.

CHEESECAKE À L'ITALIENNE

C'est l'autre grand cheesecake de New York. À l'inverse de sa très célèbre rivale faite à partir de « cream cheese » (fromage nature à tartiner), la version italienne est préparée avec de la ricotta, ce qui lui donne une consistance légèrement humide.

POUR 2 PETITS GÂTEAUX DE 12 CM

Préparation : 25 minutes
Cuisson : 15 minutes
Repos : 1 heure

BASE

125 g de farine T65 ou T55
½ cuillère à café de sel
50 g de ricotta
50 g de beurre doux ramolli
100 g de sucre glace

GARNITURE CHEESY

450 g de ricotta
100 g de sucre en poudre
25 g de farine T65 ou T55
2 œufs
1 pincée de sel
6 cl de jus de citron ou de pastis
½ cuillère à café d'extrait de vanille

DÉCO

100 g de fraises
sucre glace pour la décoration

LA BASE

Préchauffer le four à 225 °C. Mélanger les ingrédients pour la croûte au robot ou à la main jusqu'à obtention d'un mélange homogène. Beurrer et fariner deux moules ronds de 12 cm de diamètre jusqu'au tiers de leur hauteur, puis étaler la pâte dans le fond.

LA GARNITURE CHEESY

Fouetter les ingrédients de la crème de fromage jusqu'à obtention d'un mélange lisse et homogène, puis la verser sur la croûte.

LA CUISSON

Enfourner le gâteau pour 15 minutes environ. À la sortie, la crème doit être encore encore tremblotante au milieu. Laisser refroidir.

LA DÉCO

Disposer des lamelles de fraise sur le gâteau et saupoudrer de sucre glace au moment de servir.

CUPCAKE CHOCOLAT

Les trois recettes qui suivent sont celles de mes cupcakes favoris. Libre à vous de mélanger et d'assortir les recettes des pâtes et des glaçages de façon différente.

POUR ENVIRON 35 CUPCAKES
Préparation : 25 minutes
Cuisson : 20 minutes

PÂTE AU CHOCOLAT
INGRÉDIENTS À FONDRE
400 g de chocolat noir coupé en morceaux
500 g de beurre doux
3 cuillères à soupe de cacao en poudre

INGRÉDIENTS À FOUETTER
12 œufs, blancs et jaunes séparés
450 g de sucre

INGRÉDIENTS SECS
325 g de farine T55 ou T65
2 pincées de sel

GLAÇAGE AU CAFÉ
250 g de beurre doux ramolli
450 g de sucre glace
50 g de sucre brun
9 cl de café expresso
1 cl d'extrait de café

LE CUPCAKE CHOCOLAT
Préchauffer le four à 160 °C.
Dans une poêle, faire fondre le chocolat en morceaux avec le beurre et le cacao en poudre, en remuant régulièrement. Retirer du feu.
Fouetter ensemble les jaunes d'œuf et le sucre.
Monter les blancs d'œuf en neige bien ferme.
Dans un saladier, mélanger les ingrédients secs. Incorporer progressivement le mélange d'ingrédients secs à la préparation de jaunes d'œuf et de sucre. Bien mélanger, puis verser le mélange fondu tout en remuant. Ajouter ensuite délicatement les blancs d'œuf en neige à l'aide d'une spatule.
Garnir des moules en silicone de caissettes en papier et y répartir la pâte. Cuire à four chaud pendant environ 20 minutes. Laisser refroidir. Démouler les cupcakes et appliquer le glaçage sur chacun d'eux à l'aide d'une spatule.

LE GLAÇAGE AU CAFÉ
Battre au robot ou avec une spatule le beurre et les sucres pour obtenir un mélange homogène. Ajouter le café, l'extrait de café et mélanger à nouveau au robot ou à la spatule énergiquement pendant au moins 5 minutes. Le mélange devient alors crémeux, et est prêt à être utilisé.

CUPCAKE VANILLE

POUR ENVIRON 40 CUPCAKES
Préparation : 20 minutes
Cuisson : 25 minutes

PÂTE À LA VANILLE
INGRÉDIENTS LIQUIDES
500 g de beurre doux
à température ambiante
450 g de sucre en poudre
12 œufs

INGRÉDIENTS SECS
500 g de farine T55 ou T65
1 cuillère à soupe d'extrait
de vanille
1,5 cuillère à soupe de
levure chimique
le zeste d'une orange
2 pincées de sel

GLAÇAGE À LA VANILLE
250 g de beurre doux ramolli
500 g de sucre glace
6,5 cl de lait
1 gousse de vanille

LE CUPCAKE VANILLE
Préchauffer le four à 160 °C.
Mélanger les ingrédients secs ensemble. Battre rapidement les 12 œufs. Fouetter énergiquement le beurre ramolli et le sucre en poudre, puis incorporer le mélange d'ingrédients secs et les œufs, en alternant. Mélanger soigneusement.
Garnir des moules en silicone de caissettes en papier et y répartir la pâte.
Cuire à four chaud pendant environ 25 minutes. Laisser refroidir. Démouler les cupcakes et appliquer le glaçage sur chacun d'eux à l'aide d'une spatule.

LE GLAÇAGE À LA VANILLE
Battre au robot ou avec une spatule le beurre et le sucre pour obtenir un mélange homogène. Ajouter le lait et les graines de la gousse de vanille, et mélanger à nouveau au robot ou à la spatule énergiquement pendant au moins 5 minutes. Le mélange devient alors crémeux et est prêt à être utilisé.

CUPCAKE MATCHA

INGRÉDIENTS LIQUIDES

500 g de beurre doux
à température ambiante
450 g de sucre en poudre
12 œufs

INGRÉDIENTS SECS

500 g de farine T55 ou T65
3 cuillères à soupe de
thé vert matcha
1,5 cuillère à soupe de
levure chimique
2 pinées de sel

GLAÇAGE AUX FRAMBOISES

250 g de beurre doux ramolli
450 g de sucre glace
250 g de confiture de framboises

LE CUPCAKE MATCHA

Préchauffer le four à 160 °C pour réaliser des cupcakes (170 °C pour des doodles).
Mélanger les ingrédients secs ensemble. Battre rapidement les 12 œufs. Fouetter énergiquement le beurre ramolli et le sucre en poudre, puis incorporer le mélange d'ingrédients secs et les œufs, en alternant. Mélanger soigneusement.
Garnir des moules en silicone de caissettes en papier et y répartir la pâte. Cuire à four chaud pendant environ 25 minutes. Laisser refroidir. Démouler les cupcakes et appliquer le glaçage sur chacun d'eux à l'aide d'une spatule.

LE GLAÇAGE AUX FRAMBOISES

Faire chauffer dans une petite casserole la confiture de framboises, puis la verser dans une passoire pour retirer les graines.
Battre au robot ou avec une spatule le beurre et le sucre pour obtenir un mélange homogène. Ajouter la confiture de framboises et mélanger à nouveau énergiquement pendant au moins 5 minutes. Le mélange devient alors crémeux et est prêt à être utilisé.

DOODLES

Pour une expérience de cupcake différente, utilisez les recettes de pâtes et de glaçages de la page précédente pour préparer des cupcakes à l'envers, ce que nous appelons des « doodles ».

LA PÂTE

Quand on fait des cupcakes, on cherche à obtenir un dessus bien plat. Quand on fait des doodles, qui ne sont pas glacés, on les veut plus bombés. Pour ça, je les fais cuire à four plus chaud mais moins longtemps. C'est donc juste la cuisson qui change.

DOODLE CHOCOLAT

165 °C pour 23 minutes

DOODLE VANILLE

170 °C pour 24 minutes

DOODLE MATCHA

170 °C pour 24 minutes

LE GLAÇAGE

Une fois les gâteaux refroidis, faire des trous sur le dessus, au centre, à l'aide d'une baguette chinoise ou d'un bâtonnet. Remplir une poche à douille lisse de glaçage et garnir l'intérieur des doodles.

GÂTEAU AU CHOCOLAT MOUSSE

L'inspiration de cette recette est le « flourless chocolate cake » du Williamsburg Diner, à Brooklyn. C'est une expérience chocolatée pure, intense et légère.

POUR 1 GÂTEAU ROND DE 24 CM

Préparation : 20 minutes
Cuisson : environ 1 heure

INGRÉDIENTS

300 g chocolat noir
125 g de beurre
+ un peu pour le moule
2 cuillères à soupe de cacao en poudre
6 œufs
100 g de sucre
+ un peu pour le moule
1 pincée de sel
15 cl de crème fraîche (à 30 % de matières grasses)
2 ml d'extrait de vanille

LE MOULE

Préchauffer le four à 150 °C (chaleur tournante). Recouvrir un moule à charnières de papier d'aluminium pour permettre la cuisson au bain-marie. Tapisser le moule d'une épaisse couche de beurre. Saupoudrer de sucre et incliner le moule pour répartir le sucre de façon homogène.

L'APPAREIL

Faire fondre ensemble le beurre, le chocolat et le cacao en poudre à feu doux, au bain-marie ou au micro-ondes. Séparer les blancs des jaunes d'œuf. Monter les blancs avec la moitié du sucre et le sel jusqu'à ce que se forment des becs d'oiseau. Battre les jaunes avec l'autre moitié du sucre, la crème fraîche et la vanille pour un mélange onctueux. Mélanger la préparation aux jaunes d'œuf avec la préparation au chocolat, puis incorporer le mélange à base de blancs jusqu'à obtention d'une consistance homogène.

LA CUISSON ET LE SERVICE

Verser la pâte dans le moule et le placer dans un plat plus grand. Verser de l'eau bouillante dans le grand plat aux trois quarts de la hauteur du moule à gâteau. Cuire pendant 55 minutes, jusqu'à ce qu'un cure-dent, planté au milieu du gâteau ressorte propre. Sortir le bain-marie du four en y laissant le gâteau 3 minutes supplémentaires. Sortir ensuite le gâteau du bain-marie et laisser refroidir.
Servir frais, accompagné de crème Chantilly (page 263).

GOOD POPS

Les esquimaux sont la gourmandise parfaite pour l'été. Voici quelques recettes faciles et délicieuses à base de fruits de mon barman/manager du Bob Juice Bar : Jean-Pierre Ahtuam.

POUR 6 GRANDS BÂTONNETS
Préparation : 5 minutes
Congélation : 8 heures

Dans chaque cas, on mélange simplement au mixeur (ou au robot ménager), comme vous le feriez pour préparer un smoothie. Remplir ensuite les moules avec les mélanges, sceller les bâtonnets à esquimau ou une poignée sur le haut, emballer et congeler. Vous pouvez aussi utiliser des moules à esquimau avec des poignees encastrées ou utiliser des gobelets jetables ou des emballages de dessert recyclés en guise de moules, comme je l'ai fait pour les « bad pops », page suivante. Placer les esquimaux glacés au congélateur pendant au moins 8 heures. Sortez la glace quelques minutes avant d'essayer d'y planter vos dents.

FRAISE
5,5 cl de sirop d'érable
ou de sirop de sucre
de canne liquide
20 cl d'eau
375 g de fraises

PASTÈQUE
10 cl de sirop d'érable
ou de sirop de sucre
de canne liquide
550 g de pastèque
6 feuilles de menthe

LASSI MANGUE
320 g de mangue
320 g de yaourt
1 cuillère à café de miel
les graines de 2 cosses
de cardamome

CANTELOUP
550 g de melon
100 g de banane

LIMONADE
45 cl de jus de citron
20 cl de sirop d'érable
ou de sirop de sucre
de canne liquide

YAOURT-MYRTILLES
230 g de myrtilles
320 g de yaourt
10 cl de sirop d'érable
ou de sirop de sucre
de canne liquide

SMOOTHIE MYRTILLES
160 g de myrtilles
160 g de banane
330 g de jus d'orange

BAD POPS

Voici deux esquimaux glacés à la crème qui ne manquent jamais de plaire.

POPSICLES CHOCOLAT

POUR 6 PERSONNES
Préparation : 10 minutes
Cuisson : 10 minutes
Congélation : au moins 8 heures

INGRÉDIENTS
15 cl lait
2 cuillères à soupe de Maïzena®
310 g de crème entière
2 pincées de sel
30 g de cacao en poudre
90 g de sucre
30 g de chocolat noir (haché)
1 cuillère à café d'extrait de vanille

LA CRÈME
Préparer une pâte en mélangeant la Maïzena® et 2 cuillères à soupe de lait. Ajouter le reste de lait, mélanger et laisser reposer.
Dans une poêle sur feu doux, fouetter ensemble la crème, le sel, le cacao et le sucre. Baisser le feu quand ça commence à bouillir. Ajouter la préparation lait-Maïzena®, en continuant à fouetter. Quand le mélange commence à épaissir, retirer du feu et ajouter le chocolat en morceaux et la vanille.

LE MOULAGE ET LE SERVICE
Verser dans des moules à esquimau, fixer solidement les bâtonnets à esquimau, couvrir et réserver au congélateur au moins 8 heures.

note : *cette glace est aussi appelée « fudgesicles ».*

POPSICLES CAFÉ

POUR 6 PERSONNES
Préparation : 10 minutes
Cuisson : 5 minutes
Congélation : au moins 8 heures

40 cl café de fort
20 cl de lait concentré sucré

Mélanger ensemble le lait et le café. Verser dans des moules à esquimau, fixer solidement les bâtonnets à esquimau, couvrir et réserver au congélateur au moins 8 heures.

note : *pour les crèmes glacées que vous voyez sur la photo, j'ai utilisé des gobelets de café à emporter avec un couvercle dans lequel j'ai planté les bâtonnets. Vous pouvez faire la même chose à la maison avec, par exemple, des pots de yaourt recyclés et des barquettes en aluminium, ou utiliser des moules à esquimau du commerce avec des bâtonnets intégrés.*

GRAHAM CRACKERS® MAISON

Ce biscuit au parfum de miel est un ingrédient clé du cheesecake et des s'mores. Délicieux aussi à croquer.

POUR ENVIRON 32 BISCUITS

Préparation : 20 minutes
Cuisson : environ 15 minutes
Réfrigération : au moins 1 heure

INGRÉDIENTS LIQUIDES

65 g de beurre doux ramolli
115 g de sucre brun (ou 105 g de sucre en poudre et 10 g de mélasse)
1 œuf
2 cuillères à soupe de miel
2 cuillères à soupe de lait

INGRÉDIENTS SECS

1 cuillère à café de levure chimique
½ cuillère à café de sel
250 g de farine T110

LA PÂTE

Au robot ou à la main, battre le beurre et le sucre jusqu'à obtention d'une consistance crémeuse et aérée. Fouetter ensemble l'œuf, le miel et le lait. Mélanger ensemble les ingrédients secs. Ajouter en alternance au mélange beurre-sucre le mélange œufs-miel-lait et les ingrédients secs jusqu'à obtention d'une pâte uniforme. Former une boule et réserver au réfrigérateur au moins 1 heure.

LE FAÇONNAGE

Préchauffer le four à 175 °C. Couper la pâte en 2 boules. Étaler finement une boule au rouleau à pâtisserie sur une plaque de cuisson recouverte de papier cuisson. À l'aide d'un coupe-pâte (ou d'un couteau), couper la pâte étalée en 16 rectangles de même taille. À l'aide de la pointe d'un couteau, faire des lignes de petits trous sur les biscuits.

LA CUISSON

Enfourner pour environ 15 minutes, jusqu'à ce que les biscuits soient bien dorés. Dès la sortie du four, les séparer avec le coupe-pâte en suivant la découpe effectuée avant cuisson. Laisser refroidir sur la plaque, puis réserver les biscuits. Renouveler l'opération avec la seconde boule de pâte.

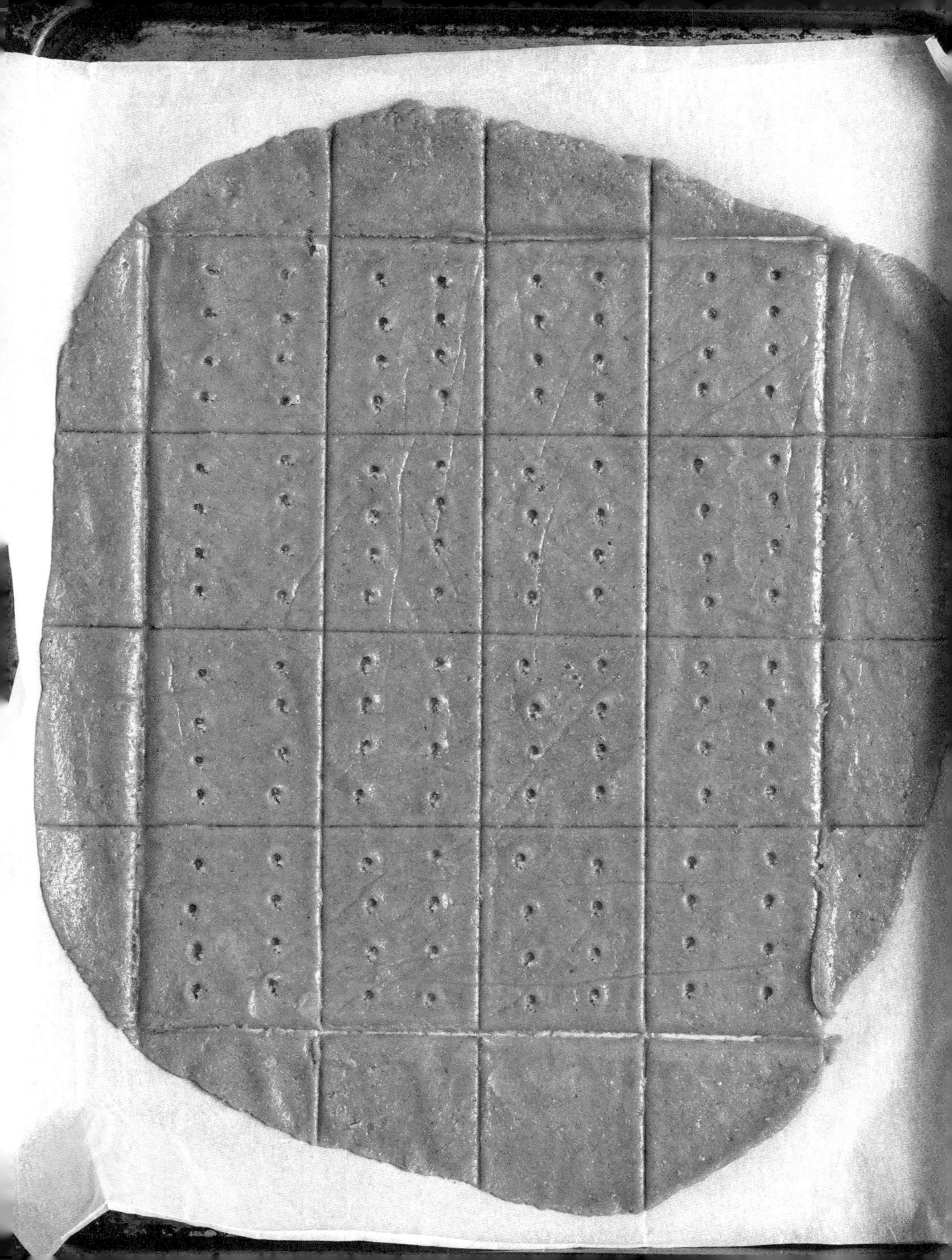

S'MORES

Quand j'étais enfant, nous préparions des smores en colonie de vacances, autour du feu, en faisant griller des marshmallows sur des branches d'arbre puis en les prenant en sandwich dans du chocolat entre deux biscuits Graham Crackers®.

POUR 1 S'MORE

Préparation : 10 minutes
Cuisson : 5 minutes

INGRÉDIENTS

2 biscuits Graham Crackers® maison (page précédente) ou autres biscuits type spéculoos ou Thé®
1 morceau de marshmallow à la taille des biscuits (page 232)
4 carrés de chocolat noir (de manière à couvrir un biscuit)

Préchauffer le four en position gril. Placer un biscuit sur une plaque de cuisson couverte de papier sulfurisé, le couvrir des carrés de chocolat et d'un morceau de marshmallow de même taille. Enfourner et surveiller attentivement la cuisson. Après 1 minute, le marshmallow commence à se colorer et dégage une odeur de caramel. Le chocolat se met à fondre. Retirer alors du four, couvrir avec le deuxième biscuit et servir sans attendre.

Graham Cracker® extra large : *les Graham Crackers® sont les biscuits que l'on utilise pour les s'mores. Pour faire des s'mores extral arge, il suffit de préparer des Graham Crackers® plus épais et plus larges. Les étaler sur environ 5 mm d'épaisseur et les détailler en rectangles d'environ 10 x 8 cm. Les cuire pendant 18 à 20 minutes, jusqu'à ce qu'ils soient bien dorés. Séparer les biscuits à l'aide d'un coupe-pâte dès la sortie du four et les laisser refroidir sur une grille. Il faudra 2 biscuits pour réaliser un s'more.*

WHOOPIE PIE

En anglais, l'expression « to make whoopie » signifie « faire l'amour ».
La dégustation de ces gâteaux amish légers et aériens est en effet extatique.

POUR 14 WHOOPIE PIES

Préparation : 30 minutes
Cuisson : 8 minutes

BISCUITS

85 g d'huile de noix de coco
à température ambiante ou
de beurre doux ramolli
130 g de sucre brun (ou 120 g de
sucre en poudre + 10 g de mélasse)
2 jaunes d'œuf
35 g de cacao
210 g de farine T65 ou T55
1 cuillère à soupe de levure chimique
10 cl d'eau

GARNITURE

2 blancs d'œuf
2 pincées de sel
100 g de sirop de sucre de canne
100 g de sucre glace
1 cuillère à café d'extrait de vanille

LA PÂTE À BISCUITS

Préchauffer le four à 200 °C. Mélanger la farine, la levure et le cacao. À l'aide d'un robot ou à la main, battre énergiquement l'huile de coco et le sucre brun jusqu'à ce que la consistance du mélange soit crémeuse et aérée. Incorporer les jaunes d'œuf, puis le mélange de farine, le sel et enfin l'eau, en continuant de battre jusqu'à obtention d'une pâte homogène.

LA CUISSON

À l'aide d'une cuillère ou d'une poche à douille lisse, façonner des boules de pâte de la taille d'une grosse cuillère à soupe sur une plaque à pâtisserie couverte de papier sulfurisé. Enfourner pendant 8 minutes environ, jusqu'à ce que les biscuits soient bien gonflés et assez fermes. Laisser refroidir.

LA GARNITURE

À l'aide d'un fouet électrique, battre les blancs d'œuf avec le sel et, quand ils commencent à mousser, incorporer peu à peu le sirop de sucre de canne. Lorsque le mélange a doublé de volume, ajouter petit à petit le sucre glace et la vanille, en continuant à fouetter jusqu'à ce que la consistance de la préparation soit homogène et mousseuse.

LE FAÇONNAGE

À l'aide d'une cuillère ou d'une poche à douille, répartir la garniture sur la moitié des biscuits, puis refermer avec le reste des biscuits.

***note :** si vous voulez réaliser des whoopie pies de forme allongée, comme des Devil Dogs® (des gâteaux-sandwichs industriels américains), façonnez plutôt des petits boudins avec la poche à douille.*

MILK
& ½ &
DIRTY DIRT
COFFEE
WITH
MARLOW

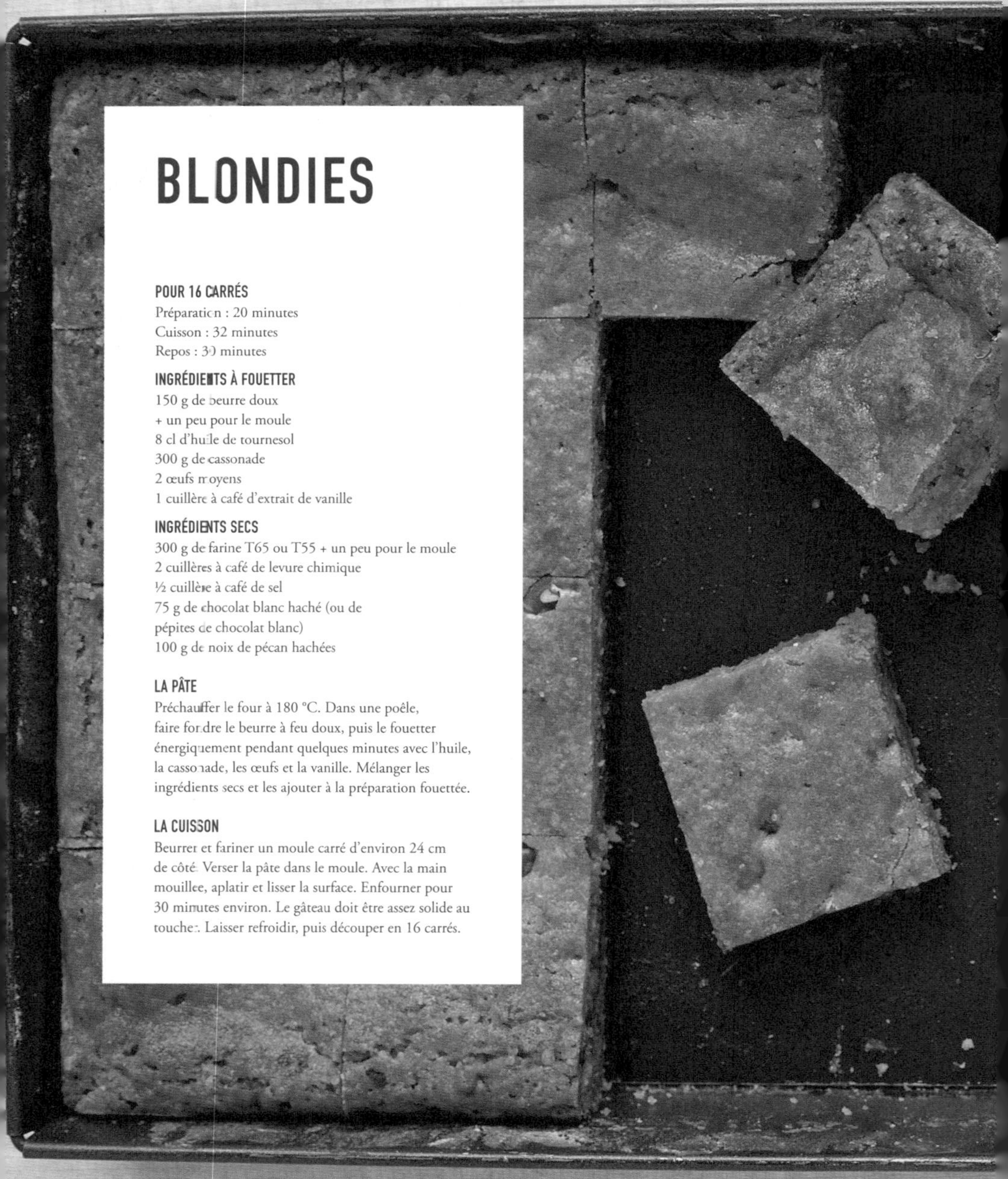

BLONDIES

POUR 16 CARRÉS

Préparation : 20 minutes
Cuisson : 32 minutes
Repos : 30 minutes

INGRÉDIENTS À FOUETTER

150 g de beurre doux
+ un peu pour le moule
8 cl d'huile de tournesol
300 g de cassonade
2 œufs moyens
1 cuillère à café d'extrait de vanille

INGRÉDIENTS SECS

300 g de farine T65 ou T55 + un peu pour le moule
2 cuillères à café de levure chimique
½ cuillère à café de sel
75 g de chocolat blanc haché (ou de pépites de chocolat blanc)
100 g de noix de pécan hachées

LA PÂTE

Préchauffer le four à 180 °C. Dans une poêle, faire fondre le beurre à feu doux, puis le fouetter énergiquement pendant quelques minutes avec l'huile, la cassonade, les œufs et la vanille. Mélanger les ingrédients secs et les ajouter à la préparation fouettée.

LA CUISSON

Beurrer et fariner un moule carré d'environ 24 cm de côté. Verser la pâte dans le moule. Avec la main mouillée, aplatir et lisser la surface. Enfourner pour 30 minutes environ. Le gâteau doit être assez solide au toucher. Laisser refroidir, puis découper en 16 carrés.

BROWNIES

Notre réponse au moelleux au chocolat français. Un vrai brownie doit être dense, « chewy » (élastique) et recouvert d'une fine croûte brillante. Vous pouvez y mettre des noix si vous voulez. Personnellement, je préfère doubler la quantité de chocolat.

POUR 16 CARRÉS
Préparation : 25 minutes
Cuisson : 40 minutes
Repos : 30 minutes

INGRÉDIENTS À FONDRE
325 g de chocolat noir
125 g de beurre doux
+ un peu pour le moule
25 g de cacao en poudre

INGRÉDIENTS À FOUETTER
60 g d'huile de tournesol
265 g de sucre brun (ou 250 g de sucre en poudre + 15 g de mélasse)
½ cuillère à café d'extrait de vanille
3 œufs moyens
3 jaunes d'œuf

INGRÉDIENTS SECS
150 g de farine T65 ou T55
+ un peu pour le moule
½ cuillère à café de sel

MORCEAUX SOLIDES
100 g de chocolat noir haché

LA PÂTE
Préchauffer le four à 180 °C. Dans une poêle, faire fondre le beurre, le chocolat et le cacao en poudre à feu doux. Dans un bol, fouetter énergiquement et pendant quelques minutes l'huile, le sucre brun, la vanille, les œufs et les jaunes d'œuf. Mélanger les ingrédients secs et les ajouter à la préparation fouettée. Incorporer ensuite la préparation fondue et les morceaux solides.

LA CUISSON
Beurrer et fariner un moule carré de 24 cm de côté. Étaler la pâte dans le moule puis, avec la main mouillée, aplatir et lisser la surface. Enfourner pour 35 minutes environ. Le dessus du gâteau devient brillant, il commence à se briser et doit être assez solide au toucher. Laisser refroidir et découper en 16 carrés.

BROOKLYN CAFES

Four and Twenty Blackbirds et Bakeri : ces deux boulangeries-cafés sont emblématiques du « home made » et de cette atmosphère rudimentaire « low-tech » sexy qui a fait de Brooklyn le quartier le plus branché de New York.

1/2 & 1/2 &
DIRTY DIRTY

ICE CREAM $4
Sweet Cream
Buttermilk
Caramel
Mint
PU-ERH
GREEN
BLACK
WHITE PEONY
OOLONG

CHOCOLATE CHIP COOKIES

J'utilise la même recette de base pour faire deux versions de ce cookie classique : une extra large surchargée d'énormes morceaux irréguliers de chocolat et une autre, mini, avec des pépites de chocolat.

POUR 18 GRANDS COOKIES
Préparation : 25 minutes
Cuisson : 10 minutes
Réfrigération : 2 heures
Repos : 10 minutes

OU POUR 45 MINICOOKIES
Préparation : 15 minutes
Cuisson : 5 à 6 minutesduRéfrigération : 1 heure
Repos : 10 minutes

INGRÉDIENTS LIQUIDES
250 g de beurre doux ramolli
125 g de sucre en poudre
125 g de sucre brun (ou 120 g de sucre en poudre + 5 g de mélasse)
1 cuillère à café d'extrait de vanille
2 pincées de sel
2 œufs moyens

INGRÉDIENTS SECS
400 g de farine T65 ou T55
1 cuillère à café de levure chimique
200 g de chocolat en morceaux coupé grossièrement pour les grands ou 250 g de pépites de chocolat pour les mini
50 g de noix de macadamia ou noix hachées pour les grands (ou 50 g de morceaux de chocolat supplémentaires)
1 cuillère à café de fleur de sel (facultatif)

LA PÂTE
À l'aide d'un robot ou à la main, battre le beurre et le sucre jusqu'à obtenir une consistance crémeuse et aérée. Incorporer les autres ingrédients liquides, en continuant à battre l'ensemble jusqu'à ce qu'il soit homogène. Mélanger les ingrédients secs. Amalgamer les deux préparations jusqu'à obtention d'une pâte homogène. Former une boule de pâte, l'emballer dans du film alimentaire et la placer au réfrigérateur pendant au moins 1 heure.

LE FAÇONNAGE EN BOUDIN (POUR LES GRANDS)
Sortir la pâte du réfrigérateur, retirer le film alimentaire et la placer dans une feuille de papier sulfurisé. Les mains posées sur le papier sulfurisé, façonner la pâte en forme de boudin d'environ 10 cm de diamètre. Emballer la pâte dans la feuille de papier sulfurisé et la placer au réfrigérateur pendant au moins 1 heure.

LA CUISSON (POUR LES GRANDS)
Préchauffer le four à 205 °C. Sortir la pâte du réfrigérateur et ouvrir le papier sulfurisé qui l'enveloppe. À l'aide d'un couteau ou d'un coupe-pâte, couper des rondelles d'environ 1,5 cm d'épaisseur. Les disposer sur une plaque de cuisson recouverte de papier sulfurisé. Enfourner pourenviron 10 minutes, puis laisser refroidir pendant au moins 10 minutes à température ambiante avant de déguster.

LE FAÇONNAGE ET LA CUISSON (POUR LES MINI)
Préchauffer le four à 230 °C. Sortir la pâte du réfrigérateur, la diviser en 45 petites boules, les déposer sur des plaques de four recouvertes de papier sulfurisé et faire cuire pendant environ 5 à 6 minutes. Les cookies doivent être encore un peu mous à la sortie du four. Les laisser refroidir pendant au moins 10 minutes à température ambiante avant de les déguster.

***note :** j'ai découvert le petit plus qu'apporte la fleur de sel en goûtant un grand cookie aux pépites de chocolat style David's dans l'incroyable salon de thé Bakeri à Williamsburg. Depuis, aucun cookie aux pépites de chocolat ne me semble complet sans cette petite pincée.*

COOKIES BLACK & WHITE

L'ultime cookie new-yorkais.

POUR 9 GRANDS COOKIES
Préparation : 30 minutes
Cuisson : 12 minutes
Repos : 15 minutes
(avant le glaçage)

PÂTE
85 g de beurre doux ramolli
100 g de sucre en poudre
2 œufs moyens
11 cl de lait fermenté
½ cuillère à café d'extrait de vanille
le zeste râpé de 1/3 de citron
250 g de farine T65 ou T55
1 cuillère à café de levure chimique
1 pincée de sel

GLAÇAGE BLANC
190 g de sucre glace
2 cuillerées à soupe d'eau bouillante

GLAÇAGE NOIR
65 g de chocolat noir haché
50 g de crème liquide
10 g de beurre doux
50 g de sucre glace
1 cuillère à café d'eau bouillante

LA PÂTE
Préchauffer le four à 180 °C. À l'aide d'un robot ou au fouet, battre le beurre et le sucre énergiquement jusqu'à obtenir une consistance crémeuse et aérée. Incorporer les œufs et le lait, en continuant de battre : on doit obtenir un résultat homogène. Ajouter ensuite les ingrédients secs et les amalgamer à la préparation précédente jusqu'à obtention d'une pâte homogène.

LA CUISSON
Sur la plaque du four recouverte de papier sulfurisé, étaler la pâte en boules de 3 cuillerées à soupe chacune et enfourner pour 12 minutes environ, jusqu'à ce que les cookies soient légèrement dorés. Les laisser refroidir, puis les retourner sur la plaque.

LE GLAÇAGE
Mélanger les ingrédients du glaçage blanc jusqu'à obtention d'une pâte homogène. À l'aide d'un pinceau, étaler ce glaçage sur la moitié de la face plate de chaque cookie.
Dans une poêle, faire bouillir à feu moyen la crème et le beurre. Hors du feu, ajouter le chocolat haché et le laisser fondre pendant 1 minute, puis incorporer le sucre glace et l'eau bouillante. À l'aide d'un pinceau, étaler le glaçage noir sur l'autre moitié des cookies. Poser les biscuits sur une grille à pâtisserie afin de laisser durcir le glaçage.

***astuce :** si, en reposant, le glaçage devient trop épais, ajouter un peu plus d'eau bouillante pour qu'il soit plus facile à étaler.*

OREO® MAISON

Voici ma recette d'Oreo®, pour recréer le sandwhich de biscuits traditionnel.

POUR ENVIRON 16 OREO® MAISON

Préparation : 25 minutes
Cuisson : 15 minutes
Réfrigération : 2 heures
Repos : 30 minutes

INGRÉDIENTS LIQUIDES POUR LES BISCUITS

150 g de beurre doux ramolli
350 g de sucre brun (ou 325 g de sucre en poudre et 25 g de mélasse)
1 œuf
1 cuillère à café d'extrait de vanille

INGRÉDIENTS SECS POUR LES BISCUITS

160 g de farine T65 ou T55
85 g de cacao en poudre
2 cuillères à café de levure chimique
2 pincées de sel

CRÈME

30 g de beurre doux
30 g d'huile de noix de coco
125 g de sucre glace

LA PÂTE

Battre le beurre et le sucre brun énergiquement jusqu'à ce que la consistance du mélange soit crémeuse et aérée. Mélanger ensemble les ingrédients secs. Ajouter au mélange beurre-sucre en alternant les ingrédients secs, et l'œuf battu et mélanger avec la vanille jusqu'à obtention d'une consistance uniforme. Former une boule de pâte, l'emballer dans du film alimentaire et la placer au réfrigérateur pendant au moins 1 heure.

LE FAÇONNAGE DES BISCUITS

Sortir la pâte du réfrigérateur, retirer le film alimentaire et l'envelopper dans une feuille de papier sulfurisé. Les mains posées sur le papier sulfurisé, façonner la pâte en forme de boudin d'environ 30 cm de long. Emballer la pâte dans la feuille de papier sulfurisé et la placer au réfrigérateur pendant au moins 1 heure.

LA CUISSON

Préchauffer le four à 175 °C. Sortir la pâte du réfrigérateur et ouvrir le papier sulfurisé qui l'enveloppe. À l'aide d'un grand couteau ou d'un coupe-pâte, couper des tranches d'environ 1 cm d'épaisseur. Les placer sur une plaque de cuisson recouverte de papier sulfurisé. Les aplatir légèrement avec la main pour leur donner une forme ronde et lisse, puis les enfourner pour 15 minutes. Les laisser refroidir à température ambiante.

LA CRÈME

Mélanger ensemble tous les ingrédients à l'aide d'un fouet ou avec la lame en « S » d'un robot ménager. Battre jusqu'à ce que l'ensemble soit homogène et onctueux.

LE MONTAGE

Retourner la moitié de la fournée de biscuits, face intérieure sur le dessus. Étaler au centre de chacun environ 2,5 cuillères à café de garniture à la crème et fermer les sandwichs avec le reste de la fournée. Serrer les 2 faces l'une contre l'autre jusqu'à ce que la crème arrive au bord.

***note :** pour une forme précise, étaler la pâte sur une épaisseur de 1 cm et découper les biscuits avec un emporte-pièce.*

***version glacée :** vous pouvez aussi utiliser les biscuits pour préparer des sandwichs glacés. Mettre 1 cuillère de crème glacée à l'intérieur d'un biscuit et fermer avec un autre biscuit, puis emballer le sandwich dans une superposition de papier cuisson et de papier d'aluminium, et conserver le sandwich à la crème glacée au congélateur jusqu'au moment de servir.*

BREW
ICED COFFEE

MARSHMALLOW

La vraie guimauve est une gourmandise. Comme pour chaque version maison de nourriture typiquement industrielle, vous pouvez personnaliser la recette selon vos goûts et assurer la qualité des ingrédients.

POUR 2 PERSONNES
Préparation : 20 minutes
Cuisson : 20 minutes

INGRÉDIENTS
36 g de gélatine
24 cl d'eau
450 g de sucre
175 g de sirop de glucose*
1 pincée de sel
2 blancs d'œuf
1 cuillère à soupe d'extrait de vanille (ou tout autre parfum tel que le sirop de rose, l'eau de fleur d'oranger, l'extrait de café, etc.)
huile neutre
10 cuillères à soupe de sucre glace
6 cuillères à soupe de Maïzena®

LE MOULE
Mélanger le sucre glace et la Maïzena®. Graisser le moule avec de l'huile et saupoudrer environ les trois quarts du mélange sucre-Maïzena® sur la surface huilée.

LA PÂTE
Faire tremper la gélatine dans la moitié de la quantité d'eau (soit 12 cl). Faire chauffer le sucre et le sirop de glucose avec les 12 cl d'eau restant. Porter à ébullition en remuant, puis baisser le feu pour maintenir à petits bouillons pendant environ 15 minutes. Passer régulièrement un pinceau humide sur les bords de la casserole pour nettoyer le sucre cristallisé. À l'aide d'un thermomètre de cuisson, contrôler la température du mélange, il doit atteindre 120 °C. Incorporer la gélatine au mélange sucré à l'aide d'une fourchette jusqu'à ce qu'elle soit complètement dissoute.
Monter les blancs d'œuf avec une pincée de sel en neige ferme et réserver. Battre le mélange de sucre et de gélatine à l'aide d'un batteur électrique jusqu'à ce qu'il ait plus que doublé de volume. Incorporer ensuite les blancs d'œuf montés, puis la vanille, ou un autre parfum, en continuant de battre jusqu'à ce que le mélange soit homogène.

LE MOULAGE ET LE SERVICE
Verser la préparation dans le moule et saupoudrer sur le dessus le reste du mélange sucre-Maïzena®. Laisser reposer pendant 5 heures à température ambiante. Démouler la préparation et couper en petits cubes. Réserver à couvert au réfrigérateur.

***note :** le sirop de glucose se trouve dans des magasins spécialisés ou sur Internet. Sinon, vous pouvez le remplacer par du sirop de sucre de canne. Les marshmallows préparés avec du sirop de sucre de canne sont délicieux dans les s'mores (voir page 214) notamment ou avec le chocolat chaud (voir page suivante), mais ils ne fonctionnent pas bien utilisés dans la préparation des rice krispie treats (voir page 66).*

CACAO CHAUD & MARSH-MALLOWS

À ne pas confondre avec le chocolat chaud. Les marshmallows sur le dessus sont vraiment essentiels dans cette recette.

POUR 2 PERSONNES
Préparation : 5 minutes
Cuisson : 5 minutes

INGRÉDIENTS
10 cl de lait concentré sucré
2 cuillères à soupe de cacao en poudre sans sucre ajouté (Van Houten® par exemple)
½ cuillère à café d'extrait de vanille
une pincée de sel
40 cl d'eau
marshmallows (à volonté)

LE CACAO CHAUD
Mélanger le cacao en poudre et le même volume de lait concentré sucré. Ajouter le reste de lait concentré, l'extrait de vanille et le sel, puis verser le tout dans une casserole et faire chauffer à feu moyen. Ajouter progressivement l'eau en mélangeant à la spatule. Chauffer jusqu'à frémissement et servir avec des cubes de marshmallow.

LES MUFFINS
Voir banana bread page 30.

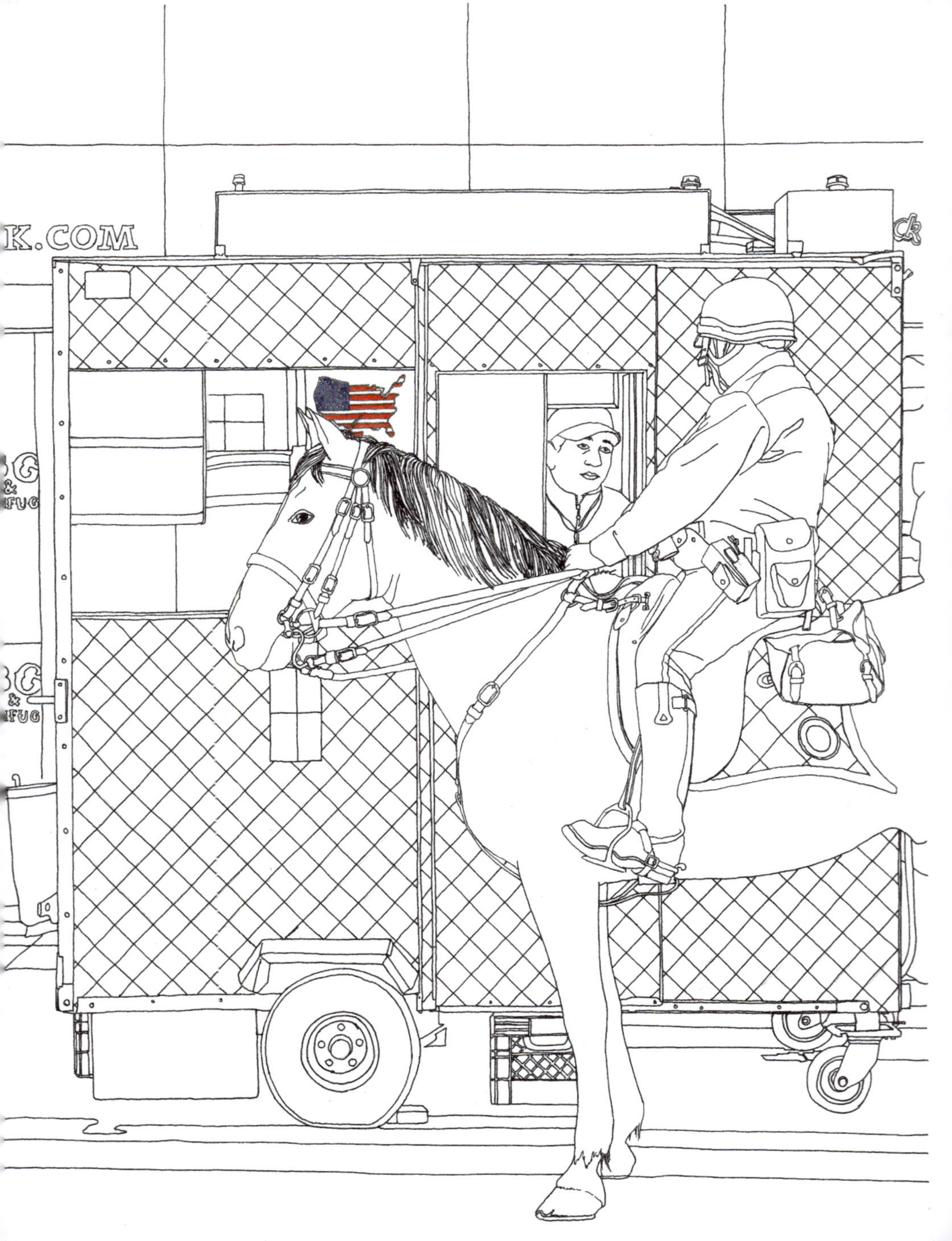
K.COM

24/24

ANY TIME

EGG IN A HOLE

Si vous aimez les mouillettes de pain grillé trempées dans du jaune d'œuf, cet « œuf dans un trou » est fait pour vous…

POUR 1 ŒUF
Préparation : 5 minutes
Cuisson : 2 minutes
Repos : 1 à 2 minutes

INGRÉDIENTS
1 tranche de pain de mie
1 œuf
1 cuillère à soupe de beurre
sel et poivre (à votre goût)

LE TROU DE PAIN
À l'aide d'un emporte-pièce rond ou d'un autre objet similaire – comme le bouchon d'une bouteille de lait, par exemple – découper et retirer un cercle au centre de la tranche de pain. Mettre la tranche et le cercle de pain retiré sur une assiette. Casser un œuf et verser la plus grande partie du blanc dans l'assiette contenant le pain, laisser le blanc restant et le jaune d'œuf dans la coquille. Laisser tremper la tranche de pain et le cercle de pain découpé dans le blanc d'œuf, puis les retourner au bout d' environ 1 minute.

LA CUISSON
Faire fondre le beurre dans une poêle à feu moyen et, quand il commence à grésiller, y mettre la tranche de pain. Verser lentement le jaune et le reste de blanc d'œuf dans le trou. Au bout d'environ 1 minute, glisser une fine spatule sous la tranche de pain, puis la retourner de l'autre côté. Faire griller pendant environ 1 minute. Le but est de remplir complètement le trou circulaire d'œuf sans dessécher le jaune. Saler et poivrer.

de Buyer
1830 - FRANCE

PICKLES

Dans un monde obsédé par la vitesse, il est bon de savoir que des endroits comme The Pickle Guys (les garçons des saumures) existent toujours. Ils préparent des saumures comme avant, en prenant le temps, en faisant fermenter des concombres kirby et d'autres fruits et légumes jusqu'à trois mois dans des tonneaux réfrigérés.

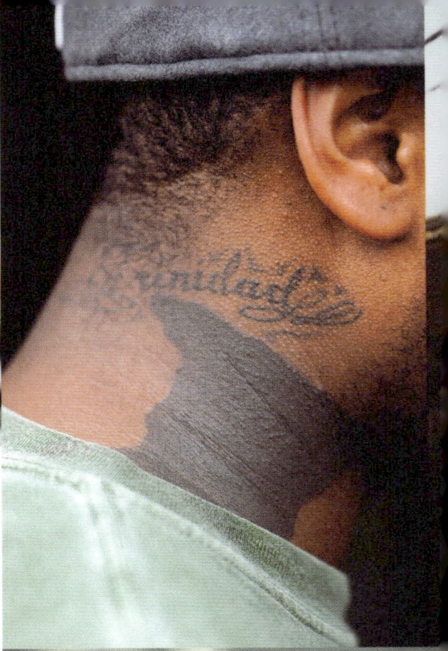

FAST PICKLES

Voici quelques-unes de mes recettes préférées de saumures au vinaigre. Elles sont beaucoup plus rapides à préparer que les pickles fermentés.

POUR 125 G DE PICKLES
Préparation : 10 minutes
Cuisson : 5 minutes
Repos : 24 heures

SAUMURE
12,5 cl d'eau
2 cuillères à soupe de vinaigre
1 cuillère à café de gros sel non iodé
2 cuillères à café de sucre (facultatif)

INGRÉDIENTS SOLIDES
125 g de légumes et/ou de fruits (coupés en cubes ou en rondelles)
2 cuillères à café d'épices à saumure (grains de poivre, graines de moutarde, quatre-épices)
1 feuille de laurier

Nettoyer et couper les légumes (ou les fruits) et les placer dans un récipient résistant à la chaleur. Ajouter les épices et le laurier. Faire chauffer l'eau, le vinaigre, le sel et le sucre dans une casserole à feu moyen. Mélanger et porter à ébullition en remuant. Verser le bouillon chaud dans le récipient. Couvrir et laisser refroidir, puis réfrigérer pendant 24 heures avant de servir.

VARIANTES

ananas épicé : *vinaigre de riz ou de cidre, 1 à 2 cuillères à café de sucre en plus. Ingrédient additionnel : 2 piments séchés.*

oignon rouge : *vinaigre de vin rouge. Ingrédients additionnels : 1 tranche de betterave pour la couleur, 3 clous de girofle.*

radis : *vinaigre de riz ou de cidre.*

concombre : *vinaigre de riz ou de cidre. Ingrédient additionnel : 1 gousse d'ail.*

mangue verte : *vinaigre de riz ou de cidre. Ingrédients additionnels : 3 cosses de cardamome, 2 piments séchés.*

carotte : *vinaigre de riz ou de cidre. Ingrédients additionnels : 3 cosses de cardamome, 3 clous de girofle.*

SLOW PICKLES

Voici une recette des traditionnels cornichons à l'eau et au sel, comme celles qui sont préparées par The Pickle Guys sur la rive sud-est de Manhattan et qui sont servies dans la plupart des delis et diners de New York, ainsi que dans les restos. On peut modifier le mélange d'épices suivant ses goûts.

POUR 3 OU 4 PICKLES
Préparation : 15 minutes
Cuisson : 5 minutes
Repos : 5 heures

INGRÉDIENTS
250 g de miniconcombres
1 botte d'aneth frais (avec fleurs si possible)
2 feuilles de laurier
1 gousse d'ail
1 cuillère à soupe d'épices à saumure

SAUMURE
50 cl d'eau distillée + autant que nécessaire pour faire tremper
1 cuillère à soupe de gros sel non iodé

LA SAUMURE
Dans une marmite, porter l'eau distillée et le sel à ébullition. Quand tout le sel est dissous, laisser refroidir. Cette opération peut se faire à l'avance.

LES CONCOMBRES
Rincer les concombres et ôter les bouts de floraison (à l'opposé des bouts de queue). Sauf si les concombres viennent juste d'être ramassés, les faire tremper pendant 2 heures dans l'eau distillée : cela rendra vos pickles plus fermes une fois finis.

LES BOCAUX
Placer l'aneth frais, les feuilles de laurier, l'ail et les épices à saumure au fond d'un récipient en verre ou en céramique juste assez large pour contenir tous les concombres bien serrés les uns contre les autres. Couvrir avec la saumure d'eau salée, en dépassant le niveau des concombres de 10 cm. Afin de les garder immergés, couvrir avec une petite assiette lestée d'une petite tasse ou d'un sac plastique fermé rempli de saumure (on remplit le sac de saumure dans le cas où il fuirait). Couvrir le bocal avec un torchon propre, un morceau d'étamine ou un couvercle non scellé. Conserver dans un endroit frais et sombre, à l'extérieur du réfrigérateur.

LA FERMENTATION
Chaque jour ou presque, retirer l'écume formée à la surface et, si cela est nécessaire, ajouter un peu plus de saumure afin de garder les concombres immergés. Après 4 à 5 jours à température ambiante, les concombres seront partiellement fermentés ; ils sont alors ce que nous appelons « demi-aigres ». Après 3 à 4 semaines, ils seront complètement fermentés ou « aigres » ; on a alors des cornichons. Le temps de fermentation dépend de comment vous aimez vos pickles. Quand vous arrivez à ce point, il est conseillé de réfrigérer les pickles, ce qui va considérablement réduire le processus de fermentation.

***note :** les épices à saumure sont constituées d'une quantité égale de grains de poivre, de graines de moutarde, de graines de coriandre, de piment de la Jamaïque, etc.*

Tastes

PUMPKIN MUFFINS

Ces muffins à la citrouille (ou au potiron) ont le goût de Noël.
Le cream cheese, au centre, est la petite touche new-yorkaise.

POUR 10 MUFFINS
Préparation : 20 minutes
Cuisson : 20 minutes

INGRÉDIENTS SECS
340 g de farine T65 ou T55
1 cuillère à soupe de levure chimique
150 g de sucre brun ou 140 g de sucre en poudre et 10 g de mélasse
1 cuillère à soupe de cannelle
1 cuillère à café de sel
1 cuillère à café de gingembre en poudre
2 pincées de noix de muscade

INGRÉDIENTS LIQUIDES
8 cl de lait fermenté
12 cl d'huile de tournesol
2 œufs
1 cuillère à café d'extrait de vanille
110 g de fromage à tartiner (type Philadelphia®)
450 g de purée de citrouille ou de potiron surgelée et décongelée

LA PÂTE
Préchauffer le four à 220 °C. Mélanger tous les ingrédients secs. Fouetter ensemble le lait fermenté, l'huile, les 2 œufs et l'extrait de vanille. Incorporer les ingrédients secs en mélangeant rapidement. Ajouter la purée de citrouille et remuer sans trop travailler la pâte.

LA CUISSON
Remplir à mi-hauteur 10 moules à muffin avec la pâte, ajouter 1 cuillère à café bien bombée de fromage frais au centre et couvrir de pâte jusqu'en haut du moule.
Enfourner les muffins pour environ 20 minutes, jusqu'à ce qu'ils soient fermes et bien dorés. Vérifier la cuisson en piquant dans un muffin avec une brochette en bois : ils sont cuits lorsqu'elle ressort sèche.

***note :** voir pumpkin pie, page 184 pour la purée de citrouille maison. Compter 500 g de potiron ou de citrouille crue pour obtenir 450 g de purée.*

POP-TARTS®

Voici une version maison de l'un de mes snacks favoris lorsque j'étais enfant, des pâtisseries industrielles pour grille-pain popularisées par Kellog's® sous le nom de Pop Tarts.

POUR 8 PETITES POP-TARTS®
Préparation : 30 minutes
Cuisson : 20 minutes
Réfrigération : 1 heure
Repos : 30 minutes

PÂTE
125 g de beurre doux froid coupé en petits dés
250 g de farine T65 ou T55 (ou 235 g de farine T65 ou T55 et 15 g de cacao en poudre pour les Pop-Tarts® au chocolat)
½ cuillère à café de sel
25 g de sucre glace
3,5 cuillères à soupe d'eau froide
½ cuillère à soupe de jus de citron

GARNITURE À LA MYRTILLE
110 g de confiture de myrtilles
110 g de myrtilles entières

GANACHE AU CHOCOLAT
75 g de crème liquide entière
30 g de beurre doux
120 g de chocolat coupé en morceaux

DORURE
1 œuf battu
1 cuillère à café d'eau

GLAÇAGE
2,5 cuillères à soupe d'eau bouillante
230 g de sucre glace
4 cuillères à soupe de confiture de framboises
vermicelles en chocolat ou billes de couleur

LA PÂTE
Sabler le beurre avec les ingrédients secs (nature pour les Pop-Tarts® à la confiture ou avec du chocolat pour les Pop-Tarts® au chocolat) à l'aide d'un robot ou d'une fourchette. Incorporer ensuite l'eau et le jus de citron à la main jusqu'à obtention d'une pâte homogène. La rouler en boule, l'emballer dans du film alimentaire et la laisser reposer au réfrigérateur pendant au moins 1 heure.

LA GANACHE AU CHOCOLAT
Dans une poêle, faire bouillir sur feu moyen la crème et le beurre. Ajouter les morceaux de chocolat. Hors du feu, laisser fondre pendant 1 minute. Remuer avec une spatule jusqu'à obtention d'une consistance lisse et homogène.

LE FAÇONNAGE
Préchauffer le four à 180 °C. Sur un plan bien fariné, étaler la pâte en rectangle, puis détailler ce dernier en 18 petits rectangles de même taille à l'aide d'un couteau et d'une carte en plastique lisse farinée. Aplatir légèrement les bords des rectangles avec un doigt fariné, puis déposer au milieu de neuf d'entre eux 1 cuillère à soupe de garniture, en faisant attention d'éviter les bords. Avec un doigt, humidifier les bords des rectangles garnis et recouvrir chacun d'eux d'un autre rectangle de pâte. En évitant d'appuyer sur la garniture au milieu, fermer les bords en les pressant un peu avec un doigt fariné, puis les souder en appuyant plus fermement à l'aide d'une fourchette. Couper le surplus de pâte et, avec la pointe d'un couteau, faire des petites incisions sur le dessus.

LA CUISSON
Mélanger le jaune d'œuf et l'eau, et en badigeonner les tourtes à l'aide d'un pinceau. Les enfourner et les faire cuire pendant environ 20 minutes, jusqu'à ce qu'elles soient bien dorées. Les laisser refroidir.

LE GLAÇAGE
Dans un bol, mélanger l'eau et le sucre glace jusqu'à obtention d'un glaçage uniforme. Étaler ce glaçage sur les Pop-Tarts® à l'aide d'un pinceau. Saupoudrer d'éléments de décoration. Pour le glaçage framboise, faire chauffer la confiture de framboises, la tamiser pour retirer les grains et utiliser ce coulis à la place de l'eau chaude du glaçage nature.

BANANA STICKS

Les enfants adorent les préparer et les manger, tout comme moi !

POUR 8 BÂTONNETS

Préparation : 10 minutes
Cuisson : 5 minutes
Congélation : 5 heures

INGRÉDIENTS

4 bananes
150 g de chocolat noir
2 cuillères à café d'huile de noix de coco ou de beurre
2 cuillères à soupe d'eau bouillante (ou plus si nécessaire)
2 cuillères à café de sirop de sucre de canne
6 cuillères à soupe (selon votre goût) d'une garniture, comme des cacahuètes hachées ou du sucre coloré

LES BÂTONNETS

Couper 4 bananes en deux et planter des bâtonnets d'esquimaux dans la partie plate. Envelopper individuellement les demi-bananes dans du film alimentaire et les mettre au congélateur au moins 5 heures à l'avance.

LA SAUCE

Faire fondre le chocolat avec l'huile ou le beurre, sur feu doux ou au bain-marie. Ajouter l'eau bouillante et le sirop de sucre liquide. Si le chocolat commence à devenir trop épais en reposant, ajouter un peu d'eau chaude.

LE MONTAGE

En tenant la banane congelée par le bâtonnet, la plonger dans la sauce au chocolat. À l'aide d'un pinceau, couvrir la banane de chocolat des côtés jusqu'en haut, de façon qu'elle soit complètement recouverte. Lever la banane, l'incliner doucement et la tourner pour ôter l'excès de chocolat. Saupoudrer immédiatement de la garniture supplémentaire choisie (des cacahuètes hachées, par exemple) avant que le chocolat ne solidifie.

LE SERVICE

Servir immédiatement, ou les replacer au congélateur sur du papier sulfurisé. Dans ce cas, laisser les bâtonnets de banane se réchauffer 2 minutes à la sortie du freezer avant de les servir, car ils risquent d'être assez durs.

note : *les bâtonnets pour glace se vendent sur Internet ou dans certains magasins spécialisés. Vous pouvez aussi réutiliser les bâtonnets de desserts glacés achetés dans le commerce ou remplacer les bâtonnets par quelque chose d'autre, comme une cuillère à café à l'envers ou une touillette à café.*

CHOCOLATE PEANUT BUTTER CUPS

Voici une interprétation maison incroyablement facile à réaliser du célèbre snack industriel Reese's Peanut Butter Cups®.

POUR 15 MINIBOUCHÉES
Préparation : 5 minutes
Cuisson : 5 minutes
Congélation : 10 minutes

INGRÉDIENTS
4 cuillères à café d'huile de noix de coco
280 g de chocolat noir
150 g de beurre de cacahuètes (pge 263)

LE CHOCOLAT
Dans une casserole, sur feu doux, faire fondre l'huile de noix de coco et le chocolat ensemble. Mélanger à la spatule jusqu'à ce que le mélange soit homogène.
Empiler plusieurs caissettes en papier les unes dans les autres : cela permettra de conserver le plissé de la caissette bien serré. Sinon, elle risque de se déformer sous la pression du chocolat.
En se basant sur le fait qu'il faut environ deux fois plus de chocolat que ce que l'on ajoutera de beurre de cacahuètes, verser un peu de mélange chocolat-huile dans le fond des caissettes en papier.
Laisser le mélange se solidifier au réfrigérateur pendant quelques minutes.

LE MONTAGE
Ajouter un peu de beurre de cacahuètes au centre d'une caissette, puis recouvrir de mélange chocolat-huile. Renouveler l'opération avec les autres caissettes et placer le tout au congélateur pendant au moins 10 minutes.

LE SERVICE
Une fois que les bouchées zu beurre de cacahuètes sont suffisamment froides et solides, enlever les couches de caissettes de renfort.
Sortir les bouchées du congélateur au moins 1 minute avant de servir.

COOKIES NOIX DE MACADAMIA

Des noix de macadamia et du chocolat blanc – une combinaison gagnant-gagnant.

POUR 20 COOKIES
Préparation : 20 minutes
Cuisson : 9 minutes
Réfrigération : 1 heure
Repos : 10 minutes

INGRÉDIENTS
250 g de beurre doux ramolli
250 g de sucre en poudre
1 cuillère à café d'extrait de vanille
2 œufs
350 g de farine T65 ou T55
50 g de petits flocons d'avoine
½ cuillère à café de levure chimique
½ cuillère à café de sel
125 g de chocolat blanc coupé en petits morceaux (ou 125 g de pépites de chocolat blanc)
125 g de noix de macadamia hachées

LA PÂTE
À l'aide d'un robot ou au fouet, battre le beurre et le sucre énergiquement jusqu'à obtention d'une consistance crémeuse et aérée. Mélanger ensemble la farine, les flocons d'avoine, la levure et le sel. Couper grossièrement le chocolat blanc et les noix de macadamia. Dans un bol, fouetter les 2 œufs avec l'extrait de vanille. Incorporer les ingrédients secs et les œufs au mélange beurre-sucre en les alternant deux fois. Bien mélanger après chaque ajout jusqu'à obtention d'une pâte homogène. Enfin, ajouter les morceaux de chocolat blanc et de noix de macadamia. Mélanger à nouveau. Former une boule, l'envelopper de film alimentaire et la placer au réfrigérateur pendant au moins 1 heure.

LA DÉCOUPE ET LA CUISSON
Préchauffer le four à 205 °C. Diviser la pâte en 20 boules, les placer sur une plaque de four recouverte de papier sulfurisé et les faire cuire pendant environ 9 minutes. Les cookies doivent être encore assez mous à la sortie du four. Les laisser refroidir pendant au moins 10 minutes à température ambiante avant de les déguster.

LE CAFÉ GLACÉ
Voir page 12.

BLUEBERRY CUP

Cette recette est une adaptation de la traditionnelle « açaï cup » avec des myrtilles à la place des baies d'açaï.

POUR 4 PERSONNES

Préparation : 5 minutes

INGRÉDIENTS

300 g de bananes surgelées
300 g de myrtilles surgelées
120 g d'avocat
2 cuillères à soupe de sirop d'érable, de miel ou de sirop d'agave (facultatif)
4 cuillères à soupe d'eau

LE MIX

Mixer les ingrédients avec la lame en « S » d'un robot ménager. Si le mélange est trop dur, laisser décongeler quelques instants avant de mixer. Si vous n'avez pas de robot ménager, vous pouvez écraser l'ensemble à la fourchette pour une version moins lisse. Servir comme une glace au yaourt avec des fruits frais et du granola.

LE GRANOLA

Voir page 54.

***note :** l'açaï est un palmier du Brésil dont les fruits, des baies, ont une forte concentration en pigments bleus, un antioxydant très puissant. Malheureusement, ces baies sont un peu onéreuses et difficiles à trouver. Je préfère les myrtilles, qui non seulement sont pleines d'antioxydants, mais aussi cultivées localement. En plus, je les trouve meilleures. Cela étant dit, vous pouvez bien sûr remplacer les myrtilles surgelées par des baies d'açaï surgelées si vous en trouvez.*

MINIMUFFINS

Ces petites bombes sont un remaniement de pâtes utilisées dans d'autres recettes.

POUR 30 MINICHEESECAKE

Préparation : 25 minutes
Cuisson : 10 minutes
Réfrigération : 1 heure
Repos : 1 heure

INGRÉDIENTS

1 portion de pâte à Oreo® maison (page 230)
40 % d'une portion de crème à cheesecake, soit :
215 g de fromage nature à tartiner (à 25 % de matières grasses, type Philadelphia®)
65 g de sucre en poudre
1 pincée de sel
15 g de farine T65 ou T55
le jus et le zeste râpé de ½ citron
20 cl de crème fraîche épaisse (à 30 % de matières grasses)
2 œufs moyens
3 gouttes d'extrait de vanille

POUR 18 MINIBROWNIES

Préparation : 25 minutes
Cuisson : 25 minutes
Repos : 20 minutes

INGRÉDIENTS

1 portion de pâte à brownie sans les « morceaux solides » (page XXX)
1 grosse banane pas trop mûre
40 g de cacahuètes
1 cuillère à café de fleur de sel

MINICHEESECAKES

LA PÂTE À OREO® ET LA CRÈME DE FROMAGE

Préparer la pâte d'Oreo® et l'appareil à cheesecake en suivant les instructions des pages 230 et 196.

LE FAÇONNAGE ET LA CUISSON

Préchauffer le four à 220 °C (chaleur tournante). Séparer la pâte à Oreo® en 20 petites boules. Mettre 20 moules en silicone (6 cm de diamètre et 3,5 cm de haut ; si ce ne sont pas des moules en silicone, les beurrer généreusement et les fariner) sur une plaque de cuisson. Placer une boule de pâte dans chaque moule et l'aplatir dans le fond et sur les côtés avec les doigts, sans aller jusqu'en haut. Verser la crème de fromage sur la pâte à Oreo® en remplissant jusqu'en haut des moules. Enfourner pour 10 minutes environ. Laisser refroidir complètement avant de déguster.

MINIBROWNIES

LA PÂTE À BROWNIES

Préparer la pâte à brownie en suivant les instructions de la page 222.

LE MONTAGE ET LA CUISSON

Préchauffer le four à 180 °C.
Beurrer et fariner 12 moules individuels d'environ 6 cm de diamètre et 3,5 cm de hauteur. Étaler la pâte dans les moules jusqu'en haut puis, avec la main mouillée, aplatir et lisser la surface des muffins. Couper la banane en tranches de 5 mm d'épaisseur et planter une rondelle dans la pâte au centre de chaque muffin. Parsemer le dessus des minimuffins de cacahuètes concassées, puis de fleur de sel. Enfourner pour 20 minutes environ. La surface des minimuffins devient solide au toucher et ils sont fondants à l'intérieur. Laisser refroidir pendant au moins 30 minutes avant de déguster.

IT'S OUR
PLEASURE
TO SERVE
YOU

MO

00:00

LES BONUS

LES RECETTES DE BASE

CONFITURE DE FRAISES

Eugénie, ma collaboratrice, prépare sa confiture de fraises à l'ancienne sans ajout de pectine.

POUR 1,25 KG DE CONFITURE
Préparation : 20 minutes
Cuisson : 20 à 25 minutes
Repos : 12 heures

INGRÉDIENTS
1 kg de fraises
700 g de sucre cristal
5,5 cl de jus de citron
les graines d'une gousse de vanille

LA VEILLE
Rincer, sécher et équeuter les fraises, puis les couper en deux ou en quatre selon leur taille. Les placer dans un saladier. Ajouter le sucre cristal, le jus de citron et une gousse de vanille fendue dans sa longueur. Laisser macérer une nuit au réfrigérateur.

LES PRÉPARATIFS
Pour vérifier la cuisson de votre confiture sans thermomètre à sucre, on peut pratiquer le test de l'assiette froide. Dans ce cas, préparer 3 petites assiettes propres placées au congélateur au moins 30 minutes avant de commencer la cuisson de la confiture.

LA CUISSON
Sortir les fraises macérées du réfrigérateur et verser le contenu du saladier dans une bassine à confiture ou dans une grande casserole en inox. Porter à ébullition à feu vif. Le mélange commence à mousser. Remuer régulièrement avec une spatule et veiller à ce que le mélange ne déborde pas. Retirer soigneusement la mousse formée à l'aide d'une écumoire ou d'une cuillère à soupe. Baisser le feu et poursuivre la cuisson sur feu moyen pendant 20 à 25 minutes.

LA BONNE TEMPÉRATURE
Couper le feu et placer un thermomètre à sucre dans la bassine ou la casserole, en veillant à ce qu'il ne touche pas le fond ni la paroi. La confiture est prête lorsqu'elle atteint les 104 °C. Dans le cas contraire, remettre sur le feu jusqu'à obtention de la température adéquate. Sans thermomètre à sucre, vérifier la consistance de la confiture en y plongeant une cuillère à soupe et en la soulevant au-dessus de la casserole ou de la bassine. Si la préparation s'écoule en un mince filet, c'est que la confiture n'est pas prête. En revanche, si elle commence à s'écouler en « gouttant », sortir une des petites assiettes du congélateur et y verser 1 cuillère à café de confiture : celle-ci est prête lorsqu'elle se fige au contact de l'assiette froide. Dans le cas contraire, la remettre sur le feu pendant quelques minutes avant de renouveler le test.

LA CONSERVATION
Retirer la gousse de vanille et verser la confiture dans des bocaux propres. On peut la conserver au réfrigérateur 3 à 4 semaines, ou la stériliser pour une plus longue conservation.

RASPBERRY JAM

Dans cette confiture de framboises d'Eugénie, le parfum et le goût du citron vert se marient très bien avec les framboises, mais libre à vous de le remplacer par du citron jaune.

POUR 1,25 KG DE CONFITURE
Préparation : 20 minutes
Cuisson : environ 15 minutes

INGRÉDIENTS
1 kg de framboises fraîches
700 g de sucre cristal
2,5 cl de jus de citron vert (ou jaune)
le zeste de 1 citron vert

Placer les framboises fraîches, le sucre, le zeste et le jus de citron vert dans une bassine à confiture ou dans une casserole en inox, et faire chauffer sur feu vif. Procéder ensuite comme pour la confiture de fraises. Les framboises étant plus riches en pectine que les fraises, la cuisson des framboises sera plus courte, et la confiture prise plus rapidement.

***astuce :** si vous préparez votre confiture de framboises de cette façon, vous obtiendrez une confiture très riche en petits « grains », ce qui peut déplaire à certains. On peut passer tout ou partie des framboises dans un moulin à légumes pour retirer les grains avant de commencer la cuisson de la confiture.*

CONFITURE DE MYRTILLES

Voici la recette d'Eugénie sans pectine ajoutée.

POUR 1,25 KG DE CONFITURE
Préparation : 20 minutes
Cuisson : environ 15 minutes
Repos : 12 heures

INGRÉDIENTS
1 kg de myrtilles (si possible des myrtilles sauvages)
700 g de sucre cristal
6,5 cl de jus de citron (soit le jus de 1 citron) & le zeste de 1 citron jaune

La veille, trier les myrtilles et les passer très rapidement sous l'eau froide pour les rincer. Les placer dans une bassine à confiture ou dans une grande casserole en inox et faire chauffer à petits bouillons. Couper le feu, verser dans un grand bol et laisser refroidir. Couvrir la préparation de film alimentaire au contact et réfrigérer pendant une nuit.
Le lendemain, remettre la préparation dans la bassine ou la casserole et faire cuire à feu vif environ 15 minutes, en vérifiant régulièrement la cuisson avec le test de l'assiette froide (voir « confiture de fraises » ci-contre) ou un thermomètre à sucre. Celui-ci doit indiquer 105 °C. Verser dans des bocaux propres et conserver au réfrigérateur. On peut également la stériliser.

GELÉE DE POMME

POUR 50 CL ENVIRON DE GELÉE
Préparation : 20 minutes
Cuisson : 55 minutes
Repos : 8 à 12 heures

INGRÉDIENTS
1,2 kg de pommes granny smith entières (ou autres pommes à cuire)
80 cl d'eau pour la cuisson pour 800 g de jus obtenu
2 cuillères à soupe de jus de citron
500 g de sucre
¼ de gousse de vanille
2 cuillères à café de beurre
50 cl du jus de pommes obtenu

LE JUS DE POMME
Couper grossièrement les pommes, en laissant la peau et les pépins, et les pocher dans l'eau bouillante pendant 15 à 20 minutes. Mettre les pommes dans un sac à gelée ou son équivalent fait maison en pressant, puis laisser le jus filtrer et s'égoutter pendant 8 à 12 heures (idéalement, une nuit). Peser le jus pressé obtenu et adapter proportionnellement la quantité de chacun des autres ingrédients. Par exemple, pour 40 cl de jus obtenu, il vous faudra 1 cuillère à soupe de jus de citron, 250 g de sucre, et ainsi de suite.

LES PRÉPARATIFS
Pour vérifier la cuisson de la confiture sans thermomètre à sucre, pratiquer le test de l'assiette froide : placer trois petites assiettes propres au congélateur au moins 30 minutes avant de commencer la cuisson de la confiture.

LA CUISSON
Mélanger le jus filtré avec les autres ingrédients dans une casserole. Remuer sans cesse sur feu doux. Quand le sucre a dissous, porter le mélange à petite ébullition en continuant de mélanger. Placer le thermomètre à sucre, le placer à ce moment-là dans le mélange en continuant à tourner jusqu'à ce que la préparation atteigne 104 °C. Éteindre le feu et laisser reposer la gelée pendant 5 minutes, puis rallumer le feu pour ramener la gelée à 104 °C.

LA BONNE CONSISTANCE
À la place ou pour compléter la technique du thermomètre, on peut s'assurer que la gelée est prête en versant 1 cuillère à café de gelée sur une des assiettes placées à l'avance au congélateur. Commencer à faire ce test environ 5 minutes après les premiers bouillons. La confiture est prête lorsque le mélange se fige au contact de l'assiette froide. Si ce n'est pas le cas, renouveler le test de 5 minutes en 5 minutes jusqu'à atteindre le résultat souhaité.

LA CONSERVATION
Ajouter le beurre et la vanille, et transférer la gelée dans des bocaux propres. Laisser refroidir et placer au réfrigérateur.

GELÉE DE RAISIN

POUR 50 CL DE GELÉE
Préparation : 20 minutes
Cuisson : 50 minutes
Repos : 10 à 15 heures

INGRÉDIENTS
650 g de raisins muscats
700 g de pommes granny smith entières
32,5 cl d'eau pour 685 g de jus obtenu
8,5 cl de jus de citron
585 g de sucre

LE JUS
Couper grossièrement les pommes, en laissant la peau et les pépins, et faire cuire dans de l'eau bouillante pendant environ 5 minutes. Écraser les grains de raisin entre les mains ou à l'aide d'un presse-purée, ajouter les pommes et l'eau, laisser mijoter 5 minutes supplémentaires. Couvrir la casserole, éteindre le feu et laisser reposer le mélange pendant 2 à 3 heures.

LA GELÉE
Filtrer le mélange à travers une passoire à grille moyenne, le mettre dans un sac à gelée ou son équivalent fait maison puis laisser le jus filtrer et s'égoutter pendant 8 à 12 heures (idéalement, une nuit), comme pour la gelée de pomme. Peser le jus pressé obtenu et adapter proportionnellement la quantité de chacun des autres ingrédients en vous basant sur les proportions données ci-dessus pour 685 g. Cuire et conserver comme indiqué dans la recette de la gelée de pomme (voir ci-contre).

***astuce :** garder la pulpe des fruits restée dans le sac à gelée, la filtrer à l'aide une passoire fine et la parfumer ou non selon votre goût, vous obtiendrez une compote de pommes et de raisins dont le goût me rappelle celui du litchi.*

CRÈME CHANTILLY

Je trouve la crème Chantilly stabilisée pratique, mais si vous souhaitez la manger tout de suite, vous pouvez retirer le Chantifix® ; vous obtenez une crème Chantilly traditionnelle.

POUR 8 PORTIONS
Préparation : 15 minutes

INGRÉDIENTS
20 cl de crème fraîche liquide entière
24 g de sucre glace
20 g de Chantifix® (facultatif)
1 cuillère à café d'extrait de vanille

Au moins 15 minutes avant de commencer, placer le bol et le fouet au réfrigérateur avec la crème. Mélanger le sucre et le Chantifix®. Monter la crème au batteur électrique à faible vitesse.Augmenter progressivement la vitesse en ajoutant le mélange sucre-Chantifix® tamisé pour éviter les grumeaux. Ajouter la vanille et continuer de fouetter jusqu'à ce que la chantilly soit bien ferme.

PEANUT BUTTER

Voici une façon simple de préparer un beurre de cacahuètes maison sans moulin spécial.

POUR ENVIRON 600 G DE PEANUT BIUTTER
Préparation : 5 minutes

INGRÉDIENTS
500 g de cacahuètes grillées et salées
3 cuillères à soupe d'huile de noix de coco
2 cuillères à soupe d'huile d'arachide (pour l'onctuosité)
2 cuillères à soupe de miel d'acacia

Mixer ensemble tous les ingrédients avec la lame en « S » d'un robot jusqu'à ce que le mélange soit onctueux. Ajouter plus d'huile si nécessaire pour obtenir l'onctuosité désirée.

KETCHUP

Voici ma recette de base. Vous pouvez expérimenter quelques changements : remplacer le vinaigre de riz par du vinaigre balsamique, ajouter du piment avec les oignons et le céleri…

POUR 55 CL DE KETCHUP
Préparation : 15 minutes
Cuisson : 23 minutes

BOUILLON
30 cl d'eau + un peu pour allonger le bouillon
15 g d'oignon émincé
1 cuillère à café d'huile
15 g de céleri en branche émincé

AUTRES INGRÉDIENTS
140 g de concentré de tomates
70 g de sucre en poudre
5 cl de vinaigre blanc
1 cuillère à soupe de Maïzena*
2 pincées de sel, ½ pincée de noix de muscade râpée

LE BOUILLON
Faire sauter le céleri et l'oignon dans l'huile pendant 3 minutes, puis ajouter les 30 cl d'eau et porter à ébullition. Baisser le feu et laisser mijoter pendant 10 minutes. Passer au tamis en réservant le bouillon. Il faut 33 cl de bouillon. Si nécessaire, ajouter de l'eau pour obtenir ce volume.

LE KETCHUP
Mélanger l'eau réservée, le concentré de tomates, le sucre, le sel et la noix de muscade dans une casserole. Porter à ébullition, puis baisser le feu et laisser mijoter pendant 5 minutes en remuant. Mélanger le vinaigre et la Maïzena*. Verser dans la casserole et laisser mijoter encore 5 minutes, en mélangeant.

LE SERVICE
Laisser refroidir avant de servir. Conserver au réfrigérateur, dans une bouteille.

DELI MUSTARD

Voici une recette simple de moutarde de traiteur qui sera parfaite pour les hot-dogs ou les knishes.

POUR 50 CL DE MOUTARDE
Préparation : 15 minutes
Repos : 1 jour

INGRÉDIENTS
7 cuillères à soupe de graines de moutarde jaunes
2 pincées de sel, 1 cuillère à soupe de curcuma en poudre
3 cuillères à soupe de farine
3 cuillères à soupe de miel d'acacia ou de sucre
30 cl de vinaigre de cidre

Moudre les graines de moutarde en une fine poudre dans un moulin à café ou à épices (ou utiliser une poudre de moutarde du commerce). La mélanger avec le sel, le curcuma et la farine. Mélanger ensemble le miel et le vinaigre. Incorporer le mélange sec avec une fourchette jusqu'à ce que la préparation soit homogène. Si cela semble un peu trop liquide, c'est normal, car la moutarde va s'épaissir en reposant. Couvrir et laisser à température ambiante pendant 1 jour pour que les parfums se mélangent un peu. Conserver au réfrigérateur.

MAYONNAISE

Préparez votre propre mayonnaise. C'est facile à faire et, surtout, elle sera meilleure que celle du commerce pour deux raisons : elle sera fraîche et vous pourrez choisir ce que vous voulez mettre dedans. Voici la recette de base que j'utilise.

POUR 200 G DE MAYONNAISE
Préparation : 15 minutes

INGRÉDIENTS
1 jaune d'œuf, 1 pincée de sel, 1 cuillère à café de sucre
1 cuillère à café de vinaigre blanc ou de jus de citron
15 cl d'huile de tournesol ou de canola

POUR CHANGER
ajouter 1 des ingrédients suivants ou les 2 :
1 cuillère à café de moutarde de Dijon
1 à 3 gousses d'ail écrasées

LES PRÉPARATIFS
Pour faciliter l'émulsion, tous les ingrédients doivent être à température ambiante. Donc, si les œufs sont conservés au réfrigérateur, les sortir au moins 30 minutes à l'avance. Si l'on ajoute de l'ail, l'écraser aussi finement que possible, idéalement le réduire en pâte en l'écrasant au pilon dans un mortier.

LA MAYONNAISE
Dans un bol profond, fouetter tous les ingrédients ensemble (sauf l'huile) jusqu'à ce que le mélange soit homogène. Verser ensuite très lentement l'huile dans le bol en continuant de fouetter. Lorsque la mayonnaise commence à épaissir, on peut ajouter l'huile plus rapidement, mais si on ajoute l'huile trop vite au départ, l'émulsion risque de ne pas prendre.

CROÛTONS

Les croûtons sont un élément important dans de nombreuses soupes et salades et, dans certains cas – comme la soupe de pois cassés ou la salade César – je les considère comme une part intégrale de la recette.

POUR ENVIRON 450 G
Préparation : 10 minutes
Cuisson : environ 10 minutes

INGRÉDIENTS
450 g de pain rassis (coupé en morceaux de même taille, plus ou moins petits)
7 cuillères à soupe d'huile d'olive
3 cuillères à soupe de beurre fondu (ou d'huile de son choix)
1 ou 2 pincées de sel, 1 cuillère à café d'herbes séchées
½ cuillère à café d'ail en poudre (facultatif)

Préchauffer le four à 225 °C. Dans un bol, mélanger ensemble les cubes de pain rassis avec les autres ingrédients. Les étaler sur une plaque de cuisson et enfourner pendant environ 10 minutes, jusqu'à ce qu'ils soient bien dorés. On peut aussi les faire cuire dans une poêle. C'est une bonne méthode si l'on souhaite faire des petites fournées, disons pour 3 ou 4 portions de salade. Dans ce cas, après avoir mélangé les ingrédients, faire frire les croûtons à feu moyen, en les faisant sauter et en remuant pendant 5 à 10 minutes jusqu'à ce qu'ils soient uniformément dorés.

***astuce :** si vous utilisez du pain frais, le sécher un peu en passant les cubes dans le four préchauffé à 90 °C pendant environ 10 minutes.*

HOME FRIES

Voici une technique basique pour réaliser des « frites » au four.

POUR 1 KG DE POMMES DE TERRE
Préparation : 10 minutes
Cuisson : 30 à 45 minutes

INGRÉDIENTS
1 kg de légume-racines ; compter environ 120 g par portion (si les pommes de terre à chair jaune sont très utilisées, les pommes de terre rouges, patates douces, panais ou betteraves sont d'excellentes alternatives)
huile de cuisson

LA DÉCOUPE
Préchauffer le four à 230 °C. Couvrir une plaque de cuisson de papier sulfurisé. Peler ou nettoyer le légume-racine choisi et le couper en petits morceaux uniformes ; prévoir 100 à 200 g de légume par personne.

LES AROMATES
Mettre les légumes découpés dans un large bol, y ajouter un peu de sel et des épices (comme du poivre moulu, des herbes de Provence, du cumin, etc.) et mélanger. Libre à chacun de choisir les épices et leur quantité. Mieux vaut en mettre moins que trop. Il est plus facile d'ajouter du sel, du poivre et des condiments selon son goût au moment du repas.

LA CUISSON
Asperger généreusement les légumes d'huile de cuisson et mélanger à la main pour bien les enrober ; ajouter autant d'huile qu'il sera nécessaire. Étaler les légumes graissés sur la plaque de cuisson en une couche épaisse et cuire 30 à 45 minutes, en sortant les légumes du four environ toutes les 15 minutes pour les retourner et, éventuellement, voir s'ils sont cuits.

COLESLAW

Il est difficile de s'imaginer manger un burger ou tout autre sandwich sans une portion de cette classique salade de chou.

POUR 20 PETITES PORTIONS
Préparation : 10 minutes
Repos : 12 à 24 heures

INGRÉDIENTS
550 g de chou (cœur et feuilles extérieures retirées)
100 g de carottes pelées (extrémités retirées)

SAUCE
40 g de sucre
2 cuillères à soupe de vinaigre de vin blanc parfumé à l'estragon
60 g de mayonnaise (page ci-contre)
60 g de yaourt
2 pincées de sel, ½ pincée de poivre

LE CHOU ET LES CAROTTES
Râper le chou à l'aide d'un robot ménager ou à la main avec un couteau ou une râpe manuelle. J'aime qu'il soit râpé aussi finement que possible. Quelle que soit la technique, râper les carottes et le chou à la même taille.

LA SAUCE
Mélanger tous les ingrédients de la sauce ensemble et la verser dans le mélange de chou et de carottes. Au début, la sauce sera assez épaisse, puis elle va devenir plus liquide lorsque les légumes râpés perdront de l'eau. Laisser mariner au réfrigérateur 12 à 24 heures avant de servir.

ONION RINGS

Le fait qu'ils soient plus rares que les frites rend les onion rings d'autant plus appréciables.

POUR 2 PORTIONS
Préparation : 10 minutes
Cuisson : 3 minutes par fournée

INGRÉDIENTS
2 gros oignons, huile pour frire

PÂTE À BEIGNETS : INGRÉDIENTS LIQUIDES
12,5 cl de lait, 1 œuf

PÂTE À BEIGNETS : INGRÉDIENTS SECS
75 g de farine, 2 cuillères à soupe de Maïzena®, 3 pincées de levure chimique
3 pincées de sucre, 1 pincée de sel, 1 pincée de paprika

LA PÂTE À BEIGNETS
Dans une friteuse ou dans une grande cocotte, préchauffer l'huile à 175 °C. Préparer la pâte en mélangeant les ingrédients liquides et les ingrédients secs séparément. Fouetter les deux préparations ensemble.

LES OIGNONS
Peler et couper les oignons en tranches de 1 à 2, séparer les tranches en anneaux.

LA FRITURE
Tremper les anneaux d'oignon dans la pâte, puis les faire frire pendant 3 minutes, jusqu'à ce qu'ils soient bien dorés, en les retournant à mi-cuisson. Commencer la friture en testant avec un petit anneau d'oignon. S'il cuit trop lentement ou trop rapidement, ajuster la température de l'huile. Veiller, entre les fournées d'oignon, à laisser l'huile remonter en température pendant quelques minutes.

LE SERVICE
Égoutter les onion rings sur du papier absorbant. Les garder dans un four préchauffé à 100 °C jusqu'au moment de servir. Saler.

CHICKEN STOCK

Stop, ne jetez pas les os ! Transformez la carcasse de votre poulet en un précieux bouillon, ingrédient de base de nombreuses sauces et soupes.

POUR 2 L DE BOUILLON
Préparation : 15 minutes
Cuisson : 3 heures

INGRÉDIENTS
250 g* de carcasse de poulet cuit (peau et viande retirée) & 3 l d'eau froide
150 g d'oignon, 50 g de carotte, 50 g de céleri
1 botte de persil, 2 feuilles de laurier
2 cuillères à café de sel, 1 cuillère à café de poivre en grains

Mettre tous les ingrédients ensemble dans une marmite. Porter à ébullition. Baisser le feu au minimum et laisser cuire pendant au moins 3 heures à découvert, en écumant la mousse qui se forme à la surface environ toutes les 30 minutes. Laisser le bouillon reposer et l'égoutter pour en retirer toutes les particules. Il doit rester environ 2 litres de bouillon, qui, s'il n'est pas utilisé tout de suite, peut être conservé quelques jours au réfrigérateur ou congelé.

***note :** beaucoup de cuisiniers font mijoter leur bouillon jusqu'à le réduire de la moitié avant de le congeler. Un bouillon très concentré peut être conservé dans un bac à glaçons, puis être allongé à l'eau au moment d'être incorporé aux recettes.*

TABLE DES RECETTES

7 : 10
COFFEE TIME

8 : 14
BREAKFAST TIME

11 : 28
BRUNCH TIME

12 : 42
LUNCH TIME

16 : 23
SNACK TIME

24/24
ANY TIME

INDEX DES INGRÉDIENTS

LES ADRESSES

MANAHTTAN

BIG NICK'S BURGER AND PIZZA JOINT
2175 BROADWAY
NEW YORK, NY 10024

Les murs de ce diner grec iconoclaste sont couverts de petits mots écrits à la main et de portraits d'acteurs. Je conseille : les œufs, les pancakes, les burgers, la salade grecque.

BROADWAY RESTAURANT
2644 BROADWAY
NEW YORK, NY 10025

Un diner grec convivial, sans fioriture, avec de super œufs, un très bon meatloaf and gravy (pain de viande sauce gravy), des burgers et autres sandwichs. Le « BLT » est fait avec une perfection toute religieuse.

DOUGHNUT PLANT
379 GRAND STREET
NEW YORK, NY 10002

Tout simplement le meilleur doughnut de New York. Le « crème brûlée » est une merveille.

EISENBERG'S SANDWICH SHOP
174 5TH AVENUE
NEW YORK, NY 10010

Ce diner pittoresque est le restaurant préféré de mon gourmand de frère lorsqu'il a envie d'un repas « coffee shop » classique comme un tuna melt sandwich ou une matza ball soup.

HOP SHING RESTAURANT
9 CHATHAM SQUARE
NEW YORK, NY 10038

L'authenticité de ce café chinois est incontestable. Offrez-vous une part de tartelette à la crème aux œufs ou une brioche au porc rôti avec une tasse de café filtre bien chaud ; vous ne serez pas déçu.

KATZ'S DELICATESSEN
205 EAST HOUSTON STREET
NEW YORK, NY 10002

Le plus ancien delicatessen de New York. Ils assurent toujours. Je vous recommande le Katz's Corned Beef. Croyez-moi, ce n'est pas pour rien qu'ils en vendent plus de 2 tonnes par semaine.

KOSSAR'S BIALYS
367 GRAND STREET
NEW YORK, NY 10002

Cette boulangerie kascher fait les meilleurs bialys à New York.

MELVIN'S JUICE BOX
130 WEST HOUSTON STREET
NEW YORK, NY 10012

La présence chaleureuse de Melvin et ses mélanges bien inspirés en font mon bar à jus préféré de Manhattan. J'aime particulièrement le PB&J smoothie au beurre de cacahuètes et à la confiture.

MURRAY'S BAGELS
500 AVENUE OF AMERICAS
NEW YORK, NY 10011

Ici, les bagels sont faits à l'ancienne, roulés à la main et mis à fermenter doucement. Mes préférés : les cannelle - raisins secs.

MURRAY'S STURGEON SHOP
2429 BROADWAY
NEW YORK, NY 10024

Ce miniscule traiteur juif est le temple des gourmandises du vieux continent : poisson fumé, viande marinée, noodle kugle, strudel, rugelach… Et vous ne trouverez nulle part ailleurs de meilleur bagel au saumon fumé.

PHO PASTEUR RESTAURANT
85 BAXTER STREET
NEW YORK, NY 10013

Je fréquente ce restaurant vietnamien (l'un des premiers à avoir ouvert à Chinatown) depuis des années. Mes recettes fétiches : poisson caramélisé et salade de papaye verte.

RUSS & DAUGHTERS
179 EAST HOUSTON STREET
NEW YORK, NY 10002

Ce petit traiteur familial est une institution pour tous les mets du vieux continent tel que le saumon fumé, le hareng mariné ou le caviar. J'attends d'y amener mes petits-enfants, un jour.

SECOND AVENUE DELI
162 EAST 33RD STREET
NEW YORK, NY10016

On dit que les sandwichs au pastrami de ce traditionnel delicatessen kasher sont les meilleurs de la ville. Ils font aussi une remarquable « matza ball soup ».

STAGE RESTAURANT
128 SECOND AVENUE
NEW YORK, NY 10003

J'adore ce « greasy spoon » ukrainien (petit diner ukrainien), pour ses classiques de l'Europe de l'Est : pierogis, latkes, bortsch.

THE PICKLE GUYS
49 ESSEX STREET
NEW YORK, NY 10002

Pour des pickles macérés doucement à l'ancienne, vous ne pouvez pas mieux tomber. Il y a tout, du concombre « kirby » classique à l'ananas épicé.

TOM'S RESTAURANT
2880 BROADWAY
NEW YORK, NY 10025

Ce diner grec iconique a acquis sa renommée dans la séries TV des années 90, mais il est surtout depuis plus de 70 ans le restaurant préféré des étudiants de l'université de Colombia.

YONAH SCHIMMEL'S KNISH BAKERY
137 EAST HOUSTON STREET
NEW YORK, NY 10002

Cette boulangerie ne fait qu'une seule chose, mais elle le fait bien : les knishes.

BROOKLYN

BAKERI
150 WYTHE AVENUE
BROOKLYN, NY 11211

Un café hyper mignon, avec cookies et gâteaux maison divins, le tout servi avec un excellent café. Les serveuses en tenue de garagistes norvégiens participent également au charme des lieux.

CAFÉ DE LA ESQUINA
225 WYTHE AVENUE
BROOKLYN, NY 11211

C'est l'ancien Wythe Diner, converti en restaurant mexicain. L'ambiance est intacte. C'est l'endroit idéal pour déguster des tacos, des « tortilla soup » et des « huevos rancheros » (petit-déjeuner traditionnel) ou siroter une citronnade épicée.

EAT CAFÉ
124 MESEROLE AVENUE
BROOKLYN, NY 11222

Restaurant locavore (qui ne propose que des produits achetés dans un rayon de 250 km maximum) situé au cœur de Brooklyn, à la cuisine végétarienne inspirée mais simple. Les pancakes multi-céréales nappés de pommes caramélisées sont un véritable délice.

FOUR AND TWENTY BLACKBIRDS
439 3RD AVENUE
BROOKLYN, NY 11215

Si les pies étaient une religion, ce café/boulangerie branché du quartier du canal Gawanas à Brooklyn serait son temple. Le tarte au miel est une révélation !

JUNIOR'S
386 FLATBUSH AVE EXT
BROOKLYN, NY 11201

Cet énorme restaurant style « coffee shop » est la référence du cheesecake new-yorkais. Sa réputation est méritée.

MARLOW AND DAUGHTERS
95 BROADWAY
BROOKLYN, NY 11211

Avec ses voisins Marlows & Sons et Diner, cette boucherie au charme désuet est dans la mouvance du retour aux fondamentaux hipster qui s'est développé dans le quartier de Williamsburg ces dernières années.

PETER PAN DONUT AND PASTRY
727 MANHATTAN AVENUE
BROOKLYN, 11211

Ce donut shop polonais à l'ancienne, à Greenpoint, est l'endroit idéal pour déguster les classiques : doughnuts glacés au miel, doughnuts à la confiture ou au chocolat, Boston cream.

SMORGASBURG (MARKET)
29 NORTH 26TH STREET
BROOKLYN, NY 11211

Le samedi, au bord de l'eastriver, face à Manhattan, cet incroyable marché s'anime, rassemblant des artisans locaux venus faire découvrir leur produits : bière artisanale, pickles, cornets de granité, cheeseburgers grillés et s'mores.

TURN TO CLEAR VISION
QUARTERS ONLY
50¢
TO OPERATE TURN HANDLE ONE FULL TURN

REMERCIEMENTS

BEHIND THE SCENES
Rose-Marie Di Domenico – éditrice
Pauline Labrousse – éditrice
Eugénie Lopez Ioualalen – responsable de cuisine
Cécile Mayot – graphiste
Moa Dahlgren – illustratrice des recettes
Emilie Collet – préparatrice

COOKS
Jean-Pierre Ahtuam
Sara Jane Crawford
Dorottya Czegledi
Eugénie Lopez Ioualalen
Gavin Smart
Ngan Tran
Amaury De Veyrac

BIG THANKS
Steven Alan
Sandrine Cooper
Arlette Coron
Gabriel Coron
Élisabeth Darets-Chochod
Paul Feldsher
Jerry Grant
Roslyn Grant
Anne Shapiro-Niel
Emmanuel Le Vallois
Magali Veillon
Ayla Yavin

ADRESSES À PARIS

BOB'S JUICE BAR
15, Rue Lucien Sampaix
75 010 Paris

BOB'S KITCHEN
74, Rue Des Gravilliers
75 003 Paris

SHOPPING

Sabrina Fauda-Rôle remercie KitchenAid® pour le prêt des ustensiles.

Relectures : Émilie Collet et Chloé Chauveau
Illustrations des recettes pages 14, 62, 72, 132, 158, 178, 204 : Moa Dahlgren

8072342-éd.05
ISBN 978-2-501-14501-5
Dépôt légal : avril 2020
Achevé d'imprimer en juillet 2024 en Chine par Toppan.

ONE
DEPT OF TRANSPORTATION
MULBERRY ST
摩比利街

MURRAY'S BAGEL'S
500 AVENUE OF THE AMERICAS
MANHATTAN

MELVIN'S JUICE BOX
130 WEST HOUSTON STREET
MANHATTAN

KATZ'S DELICATESSEN
205 EAST HOUSTON STREET
MANHATTAN

HOP SHING RESTAURANT
9 CHATHAM SQUARE
MANHATTAN

EISENBURG'S SANDWICH SHOP
174 5TH AVENUE
MANHATTAN

BIG NICK'S BURGER AND PIZZA JOINT
2175 BROADWAY
MANHATTAN

EAT CAFÉ
124 MESEROLE AVENUE
BROOKLYN

DOUGHNUT PLANT
379 GRAND STREET
MANHATTAN

THE PICKLE GUYS
49 ESSEX STREET
MANHATTAN

STAGE RESTAURANT
128 2ND AVENUE
MANHATTAN

SMORGASBURG
27 NORTH 6TH STREET
BROOKLYN

RUSS AND DAUGHTERS
179 EAST HOUSTON STREET
MANHATTAN

YONAH SCHIMMEL'S KNISH BAKERY
137 EAST HOUSTON STREET
MANHATTAN

2ND AVENUE DELI
162 EAST 33RD STREET
MANHATTAN

PHO PASTEUR RESTAURANT
85 BAXTER STREET
MANHATTAN

4 AND 20 BLACKBIRDS
439 3RD AVENUE
BROOKLYN

PETER PAN DONUT AND PASTRY
727 MANHATTAN AVENUE
BROOKLYN

MARLOW AND DAUGHTERS
95 BROADWAY
BROOKLYN

BAKERI
150 WYTHE AVENUE
BROOKLYN

CAFE DE LA ESQUINA
225 WYTHE AVENUE
BROOKLYN